AtV

Elizabeth Shaw, 1989. Foto Günter Prust

ELIZABETH SHAW, geboren 1920 in Belfast, Irland. 1933 Übersiedlung der Familie nach Bedford, England. 1938–1940 Kunststudium an der Chelsea School of Art in London. 1940–1944 Einberufung zum Kriegsdienst, hier Arbeit als Mechanikerin in einer Londoner Telefonzentrale. 1940 erste Publikationen. 1944 Heirat mit dem im Londoner Exil lebenden deutschen Bildhauer und Maler René Graetz. 1944–1946 Arbeit als freischaffende Grafikerin. 1946 gemeinsame Übersiedlung nach Berlin. Ab 1946 Arbeit für Zeitschriften und Verlage, u.a. »Ulenspiegel«, »Frischer Wind« und »Vorwärts«, ab 1950 Karikaturistin beim »Neuen Deutschland«. Ab 1962 Städtereisen für »Das Magazin«. 1962 erscheint ihr erstes geschriebenes und illustriertes Kinderbuch »Der kleine Angsthase«; es folgen 22 weitere. 1963–1991 Reisen in die Sowjetunion, USA, nach Bulgarien, England, Irland, Italien, Spanien, Tansania, Frankreich. 1975 Kunstpreis der DDR, 1979 Hans Baltzer Preis, 1981 Käthe Kollwitz Preis der Akademie der Künste, 1981 Gutenberg Preis der Stadt Leipzig. Elizabeth Shaw starb am 27. Juni 1992 in Berlin. Beigesetzt in der Irischen See; Gedenktafel auf dem Dorotheenstädtischen Friedhof in Berlin.

Elizabeth Shaw

Wie ich nach Berlin kam

»Irish Berlin«

Aus dem Englischen
von Wolfgang de Bruyn

Aufbau Taschenbuch Verlag

ISBN 3-7466-1462-7

1. Auflage 2000
Aufbau Taschenbuch Verlag GmbH, Berlin

Umschlaggestaltung Preuße & Hülpüsch Grafik Design
unter Verwendung einer Illustration von Elizabeth Shaw
Druck EGEDSA, Sabedell/Barcelona
Printed in Spain

1. Teil

1

I and Pangur Ban, my cat,
'Tis a like task we are at;
Hunting mice is his delight,
Hunting words I sit all night.

'Gainst the wall he sets his eye
Full and fierce and sharp and sly;
'Gainst the wall of knowledge I
All my little wisdom try.

Kater Pangur Ban und ich
Treiben Gleiches sicherlich.
Mäusejagd ist sein Bedacht,
Ich jag Wörter jede Nacht.

Gegen Mauern Stück um Stück
Trifft sein wild-scharf-schlauer Blick.
Gegen Wissens-Mauern ich
All mein bißchen Weisheit richt.

(Unbekannter irischer Autor, 9. Jahrhundert,
aus dem Irischen von Kuno Meyer,
aus dem Englischen von Rainer Kirsch)

»Sind Sie mit George Bernard Shaw verwandt?« werde ich, seit ich in Berlin lebe, am häufigsten gefragt.

Gewöhnlich zögere ich mit der Antwort.

Sage ich ja, könnte ich mich in seinem Glanz sonnen.

Sage ich nein, ahne ich eine gewisse Enttäuschung.

Die Wahrheit ist, ich weiß es nicht, da die genealogischen Unterlagen Irlands, die sich in den Four Courts in Dublin befanden, den Flammen zum Opfer fielen, als der Oberste Gerichtshof 1922 niedergebrannt wurde.

GBS und ich wurden in dem gleichen kleinen Land geboren, was vermuten läßt, daß wir gemeinsame Vorfahren haben. Er selbst hat ein wenig Ahnenforschung betrieben und verkündet:

»Ich habe keine Spur des kommerziell eingeführten nordspanischen Geschlechts in mir, das als Irlands Urbevölkerung angesehen wird. Ich bin ein echter Ire der dänischen, normannischen, Cromwellschen und (natürlich) der schottischen Invasionen ...«

Das könnte auch auf mich zutreffen, nur daß GBS zu den östlichen Dubliner Shaws und ich zu den westlichen Sligoer Shaws gehöre, wobei etwas von der erwähnten nordspanischen Abstammung durch meine Großmutter McKim hinzugekommen ist.

Wie man sieht, sind die Iren sehr sippen- und geschichtsbewußt. Was die Religion angeht, ist dies keine Sache des persönlichen Glaubens, sondern eine Frage der Identität.

Wäre man als Baby in einem Pappkarton auf den Stufen eines Waisenhauses ausgesetzt worden, würde man zuerst gefragt, ob es sich um ein katholisches oder protestantisches Waisenhaus handelte. Von der Antwort hinge es ab, in welcher Gegend man wohnte, welche Schule man besuchte, welche Zeitung man lesen würde, das eigene Zugehörigkeitsgefühl würde davon abhängen und vieles andere mehr.

Die zweithäufigste Frage an mich, seitdem ich hier lebe, lautet: »Warum sind Sie nach Berlin gekommen?«

Um diese Frage zu beantworten, muß ich weit zurückdenken.

Ich wurde in einem protestantischen Bett unter der Obhut unseres katholischen Hausarztes geboren. Das war deshalb bemerkenswert, weil es mitten in Belfast im Jahre 1920 geschah, als die »Troubles«, die politischen und religiösen Unruhen, wieder zunahmen und im Bürgerkrieg endeten. Für einen Katholiken war es gefährlich, ein protestantisches Haus zu betreten, und es war ratsam, sich von den Fenstern fernzuhalten, Steine wurden geworfen, und von den umliegenden Dächern wurde geschossen.

Damals arbeitete ein katholisches Dienstmädchen mit dem Namen Bridget bei uns, das ich sehr mochte. Eines Tages fanden wir im Briefkasten eine Nachricht, die besagte, falls wir Bridget nicht fortschickten, wäre sie nicht die einzige, die dafür büßen müßte. Solche Drohungen waren ernst zu neh-

Geburtshaus, Ulster Bank, York Street, Belfast

men, und eine meiner frühesten Erinnerungen ist, daß ich an der Haustür auf dem Arm meiner Mutter sitze und Bridget, die uns, den Koffer in der Hand, verläßt, zum Abschied winken soll. Heute weiß ich, daß dieses öffentliche Abschiednehmen zur Beruhigung der unsichtbaren Beobachter bestimmt war.

»Belfast kann ein angenehmer Ort sein, wenn man mit seinen Freunden zusammen ist, wenn es aber zum Spielball politischer und religiöser Lockspitzel wird, kann es auch grausam sein«, schrieb Douglas Gageby in der *Irish Times*.

Als ich geboren wurde, herrschte in Belfast eine bedrohliche Stimmung, und meine Mutter erzählte spater, daß sie manchmal mit uns drei kleinen Kindern im großen Zwillingswagen durch plötzlich einsetzendes Gewehrfeuer rennen mußte, um heil unser Haus zu erreichen.

Mein Vater war Autodidakt. Er hatte eine Vielzahl von Interessen entwickelt. Sein ganzes Leben lang hat er aber nie gelernt, Eier zu kochen oder Socken zu stopfen. Dafür war seine Mutter zuständig, später seine Schwester, danach seine Frau; er gehörte eben ins 19. Jahrhundert. In seinem Tagesablauf ließ er sich durch nichts stören, ob er nun zu Haus oder auf der gefährlichen Straße war. Der Tag begann mit Hantelübungen, dann ging er ins Büro, um Geld zu verdienen, trieb danach an der frischen Luft Sport und setzte sich am Abend schließlich hin, um seine vielen Bücher zu lesen. Aus dem typisch irischen Interesse an der Vergangenheit war bei ihm ein allgemeines Interesse an Geschichte geworden, dem er sich, neben den Tagesereignissen, mit der Distanz und dem Enthusiasmus eines engagierten Bibliothekars widmete.

Diese Lesebegeisterung beeinflußte mich schon sehr früh. Den Geruch druckfrischer Zeitungen finde ich heute noch genauso anziehend wie manch anderer den Duft ofenfrischer Brötchen, seit ich meinem Vater hinterherzottelte, wenn er in der York Street in Belfast auf seinem Morgenspaziergang zum Zeitungsladen ging. Dort holte er sich seine Tageszeitung, den *Northern Whig*, sowie die Wochenzeitschriften *Punch* und *Illustrated London News*. In jenen Tagen gab es weder Radio noch Fernsehen, und man las die Zeitung, um auf dem laufenden zu bleiben und sich eine Meinung zu bilden. Einmal war in der *Illustrated London News* eine Zeichnung mit einem Monster abgebildet, das Jabberwocky in *Alice im Wunderland* ähnelte und – *Ein Bolschewik* betitelt – darauf aus war, einen erschauern zu lassen.

In der großen Büchersammlung meines Vaters konnten wir lesen, was wir wollten, angefangen von einer verblaßten rosafarbenen Taschenbuchreihe der *Penny Poets*, über die Bestseller seiner Jugend, Mór Jókai, Marie Bashkirtseff, ein Paperback von Tolstoi, bis hin zu den dicken grünen Geschichtsbänden, alle mit seiner spinnenhaften Unterschrift und dem Kaufdatum versehen.

George William Shaw. Etwa 1902

Wenn die Zeitungen und Zeitschriften ausgelesen waren, wurden sie in einem Abstellraum gestapelt, der bei uns Paper Pantry hieß. Dort stöberten wir in alten Traktaten der Temperenzlerbewegung herum – Großvater Shaw hatte oft zu viel getrunken – und schreckten vor Holzschnitten zurück, die das Schicksal kleiner Mädchen zeigten, die, blutig geschlagen, vom betrunkenen Vater hinaus in den Schnee getrieben wurden. Die gebündelten Liebesbriefe unserer Eltern befanden sich in der Kammer und Zeitungsausschnitte, die von den schüchternen Versuchen meines Vaters zeugten, einen von der *Irish Times* angebotenen Kurs zum Erlernen des Schreibens mitzumachen – auch die schroffe Antwort der Zeitung an »G. Wash«, daß er kein Talent hätte und lieber gleich aufgeben solle, fanden wir dort. In der Paper Pantry gab es viele Geheimnisse, über die wir, genau wie unsere Eltern, nie sprachen, die aber zu einer Art liebevollem Verstehen führten.

Wir schmökerten in Stapeln von Zeitschriften, die bis in die neunziger Jahre des vorigen Jahrhunderts zurückreichten, schauten uns die Bilder in *Punch* und *Illustrated London News* an und bekamen so eine lebhafte Vorstellung von der Vergangenheit. In unserem hohen Haus mit Blick auf die schäbigen Dächer des Hafenviertels lebten wir etwas abseits vom Geschehen, aber durch die Lektüre über Politik und Geschichte wurde unser Interesse an den Kümmernissen des täglichen Lebens ständig wachgehalten.

2

Da wir mitten in einer staubigen und schmutzigen Stadt wohnten und mit einer Lungenschwäche der Shaws erblich vorbelastet waren, durch die bereits einige Verwandte den Tod gefunden hatten, verbrachten wir unsere Ferien immer auf dem Land. Meist fuhren wir nach Mountnorris zu den Großeltern mütterlicherseits in das Bauernhaus der Magowans, das in den grünen, buckligen Hügeln der Grafschaft Armagh lag, wo in der Ferne die blaue Bergspitze des Slieve Gullion in den Mourne Mountains zu sehen war.

Die Magowans waren vor dreihundert Jahren aus Schottland gekommen, um sich hier anzusiedeln. Es heißt, sie wa-

Granny. Sarah Ann Magowan. Etwa 1936

ren auf der Suche nach Arbeit und verdingten sich als Bedienstete beim altirischen O'Hanlon-Clan, dem das Land gehörte. Später kamen noch schottische presbyterianische Siedler sowie Hugenotten aus Frankreich hinzu. Sie heirateten untereinander und wuchsen zu einer festen Gemeinschaft zusammen. Viele der schottischen Traditionen wurden bewahrt, einschließlich der besonderen Rolle, die man Bildung und Erziehung beimaß, und einer glühend verteidigten Unabhängigkeit. Dieser Nonkonformismus trat bei den Irvines, der Familie meiner Großmutter, besonders deutlich hervor, ihren ältesten Bruder vielleicht ausgenommen, der Theologieprofessor an der Magee University wurde. Der zweitälteste, unser Großonkel Gilbert, praktizierte als Arzt im Ausland, kehrte aber später in sein Heimatdorf zurück. Er schrieb Bücher über die Verbindung zwischen Medizin und sozialem Fortschritt, in denen er bei seiner Verurteilung des Handels mit Arzneimitteln ausführlich George Bernard Shaw zitierte. Er predigte auch Toleranz im Glauben und untermauerte seine Prinzipien damit, daß er eine Hebamme aus Cork heiratete, die Katholikin war.

Wir schauten unserer Großtante Mary aus dem Fenster hinterher, wie sie, in einem uralten Seidenkleid und mit einer Toque, Modell 1880, sonntags zur katholischen Kapelle ging. Zur gleichen Zeit setzte Granny ihren schwarzen Hut auf und machte sich in die entgegengesetzte Richtung zum presbyterianischen Gemeindehaus auf den Weg. Wir gingen nicht mit, da wir der Church of Ireland angehörten, in der die Gemeinde beim Gottesdienst niederkniete und Hymnen sang, fast päpstlich, meinten die Presbyterianer.

Den Berg hinunter in Richtung Chapel Road trafen wir mitten im Winter Kinder mit nackten blauen Füßen und tropfenden Nasen, die große Bündel Brennholz auf dem Rücken trugen.

»It's a brave day. – Es ist ein guter Tag.« grüßten sie höflich.

»Brave day!« antworteten wir.

Diese katholischen Kinder besuchten die Chapel School, nicht die Dorfschule. Hier begannen die sozialen Unterschiede, und deswegen gehörte es sich auch nicht, daß von unserer Verwandtschaft einer zur Kapelle ging.

Großonkel Gilbert besuchte gar keine Kirche, sondern

rauchte seine dicke Zigarre, die seinen Schnauzbart gelblich färbte, und, den Strohhut schräg ins Gesicht gezogen, beobachtete mit schalkhaft-wachen Augen das Geschehen.

Onkel Gilberts Exzentrizität wurde von den Geschwistern verständnisvoll toleriert, denn die strenge kalvinistische Tradition, in der sie erzogen worden waren, hatte jeden von ihnen dazu gebracht, sich in irgendeiner Weise aufzulehnen. Den Mädchen war nicht erlaubt worden, einen Beruf zu erlernen, sie hatten zu heiraten und sich um ihre Familien zu kümmern. Die jüngste, Großtante Maggie, revoltierte, ging von zu Hause weg und wurde Krankenschwester, Feministin und dann Trotzkistin dazu. Meine Granny, die älteste, übertrug ihre frustrierten Ambitionen auf ihre neun Kinder. Alle sollten studieren, Stipendien erringen, im Leben vorankommen – die Mädchen auch.

Die Irvines waren klein, zäh und steckten voller Energie. Die Magowans hingegen waren gefühlsbetont und manchmal depressiv. Jene der neun Kinder, die nach den Magowans kamen, hatten es bei Granny schwer, doch mit Hilfe des ehrgeizigen Dorfschulmeisters Morrison machten sie ihren Weg. Der Älteste war Grannys ganzer Stolz. Er studierte am Trinity College in Dublin, wurde im ersten Weltkrieg Offizier, dann Diplomat und wurde sogar geadelt. Die beiden älteren Mädchen bekamen auch Stipendien für das Trinity College, und die Jungen, die folgten, studierten Medizin und Veterinärmedizin in Edinburgh.

Unser Großvater, den wir, wie unsere sehr jungen Onkel und Tanten, Papa nannten, holte uns gewöhnlich mit Pferd und Wagen vom Bahnhof in Goraghwood ab, wo wir von Belfast mit dem Zug ankamen. Zu jener Zeit hatten die Züge keine Gänge, und auf jeder Station wurden die Abteile auf- und wieder abgeschlossen. Wir kletterten alle in den schwankenden zweirädrigen Pferdewagen, und das größte Vergnügen war, vorn neben Papa sitzen zu dürfen und die Zügel zu halten. Tagsüber war Papa meist draußen auf dem Bauernhof.

Flußmündung in Ballina, Irland

Gegen Abend kam er in die Küche und hängte Kumt und Geschirr an die Wand. Die Dochte der Öllampen wurden gestutzt und angezündet, zuerst brannten sie mit kleiner, niedriger Flamme, dann wurde die Lampe aufgedreht, bis sich ein sanfter matter Schein ausbreitete.

Es kam eine Zeit, da wurde Papa krank, und wenn wir zu Besuch kamen, saß er in seinem weißen Nachthemd im Bett und lächelte freundlich, aber wir wußten, er war sehr krank, und das machte mir angst. Dann starb er, und ich bildete mir ein, seinen Geist in der Bodenkammer herumspuken zu hören. Vor dem Haus stand eine riesige alte Buche, und nachts lauschten wir dem Rauschen ihrer Blätter. Eines der Mädchen, das im Haus arbeitete, erzählte mir, sie hätte eines Abends im Baum eine Banshee, eine irische Todesfee, gesehen, die auf sie herabschaute. Eines Tages, als ich aus dem Haus kam, sah ich unter der Buche einen alten Mann mit einem weißen Bart, der auf dem Gestell für die Milchkannen saß und mir freundlich zulächelte. Für einen Augenblick dachte ich, es wäre Papas Geist, und fiel vor Schreck beinahe in Ohnmacht.

Bring keinen Weißdorn ins Haus, das gibt Unglück!

Öffne nie einen Schirm im Haus, das bringt ebenfalls Unglück!

Und wenn du solch ein Pechvogel bist und Salz verschüttest, wirf mit der rechten Hand eine Prise über die linke Schulter, das hebt den bösen Zauber auf!

In der Küche mit dem alten Steinfußboden war immer etwas los. Granny, klein, flink, aufgeweckt und schwarz gekleidet, war die Hauptperson, fütterte draußen mit ihrem »put, put, put« die Hühner, schlug Butter in einem großen Holzfaß, kochte Porridge und Huhn und rief die Männer auf dem Hof zum Essen. Zu den Mahlzeiten gab es Kartoffeln, selbstgebackenes Brot, gesalzene Landbutter, Speck, Porridge, Eier, Haferkekse, Bohnen, Kohl und Hühnersuppe. Tee und Zucker wurden in Joe Hares Lebensmittelhandlung in der Bog Road gekauft, alles andere waren eigene Produkte.

Wir bekamen eine Vorstellung von einem Lebensstil, der sich seit mehr als dreihundert Jahren kaum verändert hatte. Später, als die Söhne gut verdienten, wurde elektrisch Licht im Haus gelegt, Wasserleitungen wurden installiert, Bad und Toilette eingebaut. Ein Austin Mini ersetzte Pferd und Wagen, und Onkel Irvine, der Tierarzt, führte ausgefallene Neuerungen im Kuhstall ein – er legte eine Wasserleitung, und die Kühe konnten sich, wenn sie durstig waren, durch Hebeldruck selbst bedienen.

Trotz des beruflichen Erfolgs ihrer Kinder, die ihr weite Besuchsreisen ermöglicht hätten, kam Granny in ihrem langen Leben nicht weiter als achtzig Kilometer aus ihrem Dorf heraus – wegen der Hühner, wie sie sagte. Jeden Tag stand sie um sechs Uhr auf und kochte ihren Haferbrei. Wenn abends die Öllampen angezündet wurden, löste sie mit Hilfe aller, die sich in der Küche versammelt hatten, das Kreuzworträtsel in der Zeitung, oder sie las ein Buch, ehe sie um neun ins Bett ging. Manchmal schliefen wir auch in ihrem Zimmer, dann schaute ich mit halbgeschlossenen Augen zu, wie sie den Knoten in ihrem Haar löste und der lange graue Zopf über ihren Rücken fiel. Sie zog ihr Kleid und die knielangen, mit Rüschen verzierten Baumwollschlüpfer aus, streifte das lange weiße Nachthemd über und blies beim Zubettgehen die Kerze aus.

3

Mit Schaudern sahen wir zu, wie Granny ihre Hühner schlachtete, indem sie ihnen den Hals umdrehte. Auf einem anderen Bauernhof in Belcoo, im Westen Irlands, wo wir oft waren, schlug unsere Cousine Maud den Hühnern mit einem Beil den Kopf ab. Dort, bei unseren Verwandten väterlicherseits, Maud und Kathleen Tate, war es sonst auch ganz anders als bei Granny in Mountnorris.

Als die Mutter der Tate-Schwestern starb, wurde Kathleen, die jüngere, von unserer Shaw-Großmutter adoptiert. Maud führte ihrem Vater, Dr. Tate, den Haushalt. Später, als mein Vater heiratete, kam Kathleen aus Belfast wieder nach Belcoo. Maud, groß und rothaarig, mit kräftigen Zähnen, lachte gerne und führte den Hof. Kathleen, blaß und zierlich, besorgte die Küchenarbeit. Sie buk kleine Scones, ein brötchenartiges Buttergebäck, und kicherte freundlich, wenn sie die Mahlzeiten, etwas unregelmäßig, servierte. Beide waren unverheiratet.

In Belcoo floß das Leben ruhig dahin. Zeit schien keine Rolle zu spielen. Der Ehrgeiz der Magowans war den Tates fremd. Ich kann mich nicht erinnern, Bücher im Haus gesehen zu haben, nur oben über der Eingangstür befand sich eine kleine Glasveranda, wo zwischen Geranientöpfen ein Stapel billiger Kitschhefte lag, die wir, umgeben von dem eigenartigen Geruch der Geranien, gerne lasen. Ich nehme an,

Maud und Kathleen Tate in Belcoo, County Fermanagh, 20er Jahre

Maud und Kathleen sind auch irgendwann zur Schule gegangen, aber sie sprachen nie davon. Der Geist des Dorfschulmeisters Morrison aus Mountnorris schien abwesend zu sein. Es gab ein Klavier im Wohnzimmer, und ein Ölbild von Jack Yeats, dem Bruder des Dichters William Butler Yeats, der ihr Nachbar war, hing an der Wand.

»Und was ist bloß aus dem armen Willie geworden«, sagte Maud grüblerisch.

Viele Leute schauten vorbei; ein etwas überspannter Vikar, der Klavier spielte und dazu laut sang, Zöllner von der Grenze, die weiter unten an der Straße entlanglief. Es wurden Witze erzählt, und es wurde viel gelacht.

Die Schwestern lebten in einem Haus, das sich Danesfort nannte, mitten in einer wundervoll wilden Landschaft mit Bergen und Seen. Manchmal fuhren wir mit Maud in ihrem Ruderboot zum Angeln. Am unteren Ende des Gartens floß ein Bach vorbei, in dem in kleinen tiefen Löchern Forellen schwammen, während bunte Libellen darüber hinwegglitten.

Die Auffahrt zum Haus war mit Tannen und einer Wiese gesäumt. Darauf erhob sich ein kleiner, mit Bäumen bestandener Hügel, in dessen Mitte ein Ring aus Steinen errichtet war, das Grab alter Dänen, die um das 9. Jahrhundert herum die nahe Küste heimgesucht und nach denen das Haus der Schwester benannt worden war. Das Grab war von Archäologen untersucht, aber nichts war verändert oder zerstört worden, denn das hätte, wie man sagte, Unglück gebracht.

Ein Stück die Straße entlang lag linker Hand ein stiller See, Upper Lough Macnean, rechts das Hochmoor, und an einer Kreuzung befand sich eine kleine Quelle, Holy Well, der heilige Brunnen genannt. Wir tranken aus der hohlen Hand von dem herrlich klaren Wasser und gingen dann über einen Ring aus moosbedeckten Steinen um den Brunnen herum und wünschten uns etwas, das in Erfüllung gehen sollte.

Danesfort gegenüber lebte die alte Mrs. Doherty in einer winzigen strohgedeckten und weißgetünchten Kate. Wenn Kathleen gerade frische Scones gebacken hatte, sollten wir Mrs. Doherty ein paar davon hinüberbringen. Sie war sehr arm. Ihre Hühner liefen im Haus herum, hockten auf den Holzbalken des einzigen Zimmers, und als wir fragten, ob wir ihnen ein paar Körner hinstreuen könnten, sagte sie ja, aber gleich darauf: »Nicht zu viel! Nicht zu viel!« Einmal zeigte sie uns ein Geschenk, das sie bekommen hatte – ein Stück fetten Speck, das sorgfältig, wie ein kostbarer Stein, in ein Tuch eingeschlagen war.

Nach Belcoo fuhren wir von Belfast aus mit dem Zug. In Enniskillen stiegen wir in eine sehr altmodische Kleinbahn um, die wir sarkastisch »Belcoo Express« nannten. Der Zug fuhr ab, wie es dem Bahnpersonal gerade paßte, ungefähr so, wie Kathleen die Mahlzeiten vorbereitete. Wenn es für uns Zeit war, wieder nach Hause zu fahren, wartete Maud, bis sie die Lokomotive pfeifen hörte, dann ging sie das Pony vom Acker holen, um unser Gepäck zum Bahnhof zu schaffen.

Das hört sich heute alles wie eine Idylle an. Für uns aus der

Glengarriff, Irland

Großstadt mit ihren sozialen Spannungen, dem Schmutz und dem Lärm war es das auch.

War es wirklich so heil? Ich glaube ja.

Die fürchterliche Armut, die feuchte Luft, die Lungenkrankheiten förderte, trieb die Leute fort, aber die Gewässer waren noch rein, es gab keine Schadstoffe in der Luft, keine Plastetüten am Strand, und auf den holprigen Straßen fuhr kaum ein Auto.

4

Meistens besuchten wir während des Sommers unsere Tante Annie, die Schwester meines Vaters. Da sie verwitwet war, lebte sie eine Zeitlang bei ihm in Belfast. Als er heiratete, kaufte ihr mein Vater ein Haus an der Küste im Norden, in dem Seebad Portstewart, damit sie eine Urlauberpension eröffnen und sich und ihre Tochter ernähren konnte. Wir

Glengariff, Irland

waren nicht gerne dort, da das ganze Haus nach Kohl und verbranntem Kuchen roch, was das unrühmliche Ergebnis eines Kochkurses unserer Cousine Peggy war. Wir mochten Tante Annie und ihre Tochter nicht, die sich ständig über etwas beklagten, und sooft wir konnten, gingen wir, mit Broten und Badeanzügen ausgerüstet, auf Entdeckungsreisen. Wir liefen die Promenade entlang und am kleinen Hafen vorbei. Bei Flut drückte jede hereinkommende Welle einen kräftigen Wasserschwall fontänenartig durch einen Spalt zwischen den Felsen. Wir folgten dem Pfad auf dem Kliff, überquerten einen kleinen, mit Muscheln übersäten Küstenstrich und kamen schließlich zum weiten weißen Strand, der von den gewaltigen Wellen des Atlantik umspült wurde. Hinter uns erhoben sich große Sanddünen, und in der Ferne sah man die blauen Berge von Donegal.

Abends gingen wir manchmal über die mit Grasnelken übersäte Wiese hinter dem Haus unserer Tante zu den schwarzen Felsen hinüber. Bei Ebbe blieben kleine Tümpel zwischen den Felsen zurück, in denen sich rote samtige Seeanemonen wiegten und winzige Meereswesen hin und her huschten. Dort konnten wir auch dramatische Sonnenuntergänge über dem westlichen Wasser anschauen, bevor wir in das muffige Haus zurück mußten.

Wie glücklich wir sein konnten, an solch schönen Orten unsere Verwandten zu haben, die dazu noch bereit waren, eine Familie mit vier Kindern aufzunehmen!

5

Die Shaws kamen wahrscheinlich als Soldaten der englischen Armee unter Cromwell nach Irland, als Abenteurer des 17. Jahrhunderts, die für ihre Dienste Land erhielten. Sie zählten zu denjenigen, die von der protestantischen Vormachtstellung profitierten. Obwohl es ihnen mit der Zeit schlechter ging, hielten sie sich als Landbesitzer für etwas Besseres als die Magowans, die nur Pächter waren. Die Shaws und ihre Verwandtschaft züchteten Rennpferde, die manches Rennen auch verloren, fischten Lachs und tranken den guten irischen Whiskey. Wenn sie Geldsorgen hatten, schafften sie es, jedenfalls bis Anfang des 19. Jahrhunderts, immer noch ein Stück Land kostenlos zu erwerben. Die jüngeren Brüder wanderten in die Kolonien, nach Amerika oder Neuseeland, aus. Großvater Shaw starb 1888, er hinterließ Schulden und eine Witwe mit sechs Kindern, von denen das älteste mein achtzehnjähriger Vater war. Nach einem vergeblichen Versuch, das Gut zu führen, wurde der größte Teil verkauft, und mein Vater nahm eine Arbeit als Angestellter der Ulster Bank in Ballina an. Er arbeitete schwer für wenig Geld, schickte den Großteil davon nach Hause zu seiner Mutter und heilte eine beginnende Tbc durch lange Spaziergänge über die Berge. 1908 wurde er schließlich zum Geschäftsführer der Ulster

Bank in Belfast, York Street, ernannt. Über der Bank befand sich eine geräumige Wohnung, in die mein Vater mit seiner Mutter, seiner verwitweten Schwester und deren Tochter und mit Kathleen Tate mietfrei einzog. Seine jüngeren Brüder wanderten nach Neuseeland aus oder starben an Tbc. Einer ließ sich in Dublin nieder und gründete dort eine Familie von begeisterten Anhängern der irischen Republik.

Meine Mutter, Mary Magowan, studierte am Trinity College in Dublin Sprachen und arbeitete in den Semesterferien als Aushilfslehrerin an ihrer ehemaligen Internatsschule in Whitehead unweit von Belfast. Miss McKeowen, die Schulleiterin, die an die Zukunft ihrer Mädchen dachte, hatte ein Auge auf meinen Vater, den begehrten Junggesellen, geworfen, und so schickte sie die ehemaligen Schülerinnen als Botinnen zu ihm, um sich in Bankangelegenheiten beraten zu lassen. Mit Mary hatte sie schließlich Erfolg. Nachdem seine Mutter 1912 gestorben war, fühlte sich mein Vater frei, zu heiraten. Eliza, Marys ältere Schwester, erzählte uns, wie er sich in die Magowan-Familie einführte. Als alle am Mittagstisch saßen, klopfte es an der Eingangstür. Niemand benutzte den Vordereingang, der mit einem schweren Holzbalken gesichert war.

Normalerweise ging man durch die Hintertür direkt in die Küche. So war die Überraschung groß, und als Granny nachschaute, bemerkte Eliza, daß ihre Schwester verlegen wurde und errötete. Es war mein Vater, der zu Besuch gekommen war.

»Es muß ihn ganz schön mitgenommen haben«, sagte Eliza, »uns alle dort sitzen zu sehen, wie wir ihn mit unseren kleinen schwarzen Augen scharf ansahen.«

Als begeisterter Wanderer war er den ganzen Weg vom Bahnhof zu Fuß gegangen. Papa fuhr ihn in Begleitung seiner Tochter Mary mit Pferd und Wagen zum Bahnhof zurück.

»Und wer ist nun dieser Mann mit den kleinen weißen Händen?« fragte Papa auf dem Heimweg.

Trinity College, Dublin, 1916
Erste Reihe: Erste von links Mary Magowan,
dritte von links ihre Schwester und Patin von Elizabeth Shaw,
Jane Elizabeth Magowan

Meine Mutter brach ihr Studium am Trinity College ab, sehr zum Verdruß ihrer Lehrer und feministischen Freunde, denn ihre guten Leistungen hatten ihr schon zu einer Auszeichnung verholfen. 1918 heirateten sie, und die verwitwete Schwester Annie und Kathleen Tate mußten ausziehen, um der jungen Frau Platz zu machen.

6

Einmal, als mein kleiner Bruder ungefähr sechs Jahre alt war und mit seinem Dreirad die Straße vor unserem Haus entlangfuhr, wurde er von einem größeren Jungen angesprochen, der ihm den Weg versperrte und streitsüchtig fragte: »Was für ein Mann bist du?«

Mein kleiner Bruder zögerte. Er wußte, die falsche Antwort konnte ihm eine blutige Nase einbringen.

»Ich bin Christ«, sagte er schließlich.

»Dann scher dich weg von einem guten Protestanten, wie ich einer bin«, brummte der große Junge.

Mein kleiner Bruder flüchtete, so schnell er konnte, in die Festung unseres Hauses, die Filiale der Ulster Bank in der York Street.

Wie alle Banken war sie sehr solide gebaut; ein roter Backsteinbau mit Stuckverzierungen und einem Sockel aus Marmor. Eisentore verschlossen die Vorder- und Seiteneingänge, und alle Fenster, die nach hinten hinausgingen, waren vergittert. Auf der Frisierkommode des Gästezimmers lag in einem mit blauem Samt ausgeschlagenen Kästchen eine Pistole – sie sei geladen, wurden wir gewarnt –, und Tag und Nacht stand ein Polizist an der Ecke der Bank auf Wacht.

In diesem Haus wurden wir alle geboren, und es war für uns die Welt, wie wir sie kennenlernten. Unser Leben spielte sich in den beiden Etagen über den Büroräumen ab. Es gab viele Treppen und große staubige Fenster. Vorne wurde die Bank von Gallaghers Tabakfabrik überragt, hinten sahen wir in der Ferne die Kräne im Hafen. Von Zeit zu Zeit tauchten zwischen dem Meer von Dächern die Schornsteine eines Dampfers auf, der mit einem müden Ruf aus seinem Horn in den Belfast Lough auslief. Von der York Street gingen damals Seitenstraßen mit Kopfsteinpflaster und Reihen von kleinen Backsteinhäusern ab, die aus der Mitte des 19. Jahrhunderts stammten. Sie hießen Earl Street oder Queen Street, aber weder Grafen noch Königinnen lebten dort, sondern die Ärmsten der Armen. Es gab protestantische und katholische Straßen, die man an den Graffiti-Malereien unterscheiden konnte. Protestantische Hauswände waren mit großen farbigen Darstellungen von König Wilhelm von Oranien auf seinem weißen Schlachtroß verziert, wie er die Schlacht am Boyne gegen den Katholiken James II. gewann. »Besinnt

Blick aus dem Fenster, Youghal, Irland

euch auf 1690!« hieß die Losung und manchmal, sehr drastisch und mit Kreide gekritzelt: »Gebt dem Papst einen Tritt!« Die Katholiken schlugen in ihren Straßen mit einer Mahnung an den Osteraufstand in Dublin zurück: »Gedenkt 1916!« und »Hoch Dev!« De Valera war damals Regierungschef der Republik Irland gewesen.

Wenn morgens in Gallaghers Tabakfabrik die Sirene heulte, drängten sich blaßgesichtige Frauen, die draußen bereits gewartet hatten, durch das Tor hinein. Sie hatten Wolltücher um ihre Schultern geschlagen, und manchmal trugen sie Männermützen, unter denen ihr schwarzes oder rotes Haar hervorschaute. Es war die Zeit der Weltwirtschaftskrise, und jahraus, jahrein standen arbeitslose Männer an der Ecke der Fabrik herum, kauten Tabak und spuckten den buntschillernden Tabaksaft in hohem Bogen auf den Bürgersteig.

Damals war York Street eine geschäftige Hauptstraße, die

Hafen und Bahnhof mit dem Stadtzentrum verband und auf der Straßenbahnen und Pferdewagen entlangratterten. Die beliebten Umzüge kamen auch hier vorbei – Orangemen, Mitglieder des Orange Order, mit ihren schwarzen, steifen Bowlers und den breiten orangefarbenen Schärpen, die bei jedem Schritt mitschwangen; die Dudelsack spielenden Irish Guards in grünkarierten Kilts und die Boys' Brigade mit ihrem lebhaften Querflötenspiel, unter denen der später berühmt gewordene Flötist James Galway gewesen sein muß. Wenn wir die Klänge der Musik hörten, rannten wir zu den Fenstern, wo wir einen Ausblick wie von einer Tribüne hatten. Manchmal stellten sich abends die Lambeggers an der Ecke der gegenüberliegenden Straßenseite auf. Das waren drei Männer mit großen, schwarz bezogenen Trommeln, die sie Stunde um Stunde in einem in ihrer Eintönigkeit bedrohlich klingenden Rhythmus schlugen. Damit sollte den Katholiken, die ein, zwei Straßen weiter wohnten, Furcht eingejagt werden. Uns flößte der unheilverkündende Ton ebenfalls Angst ein. Wenn es Unruhen gab, lagen wir in unseren Messingbetten und lauschten den zornigen, streitsüchtigen Stimmen unten auf der Straße. Die hohen Doppeldecker-Straßenbahnen hielten in der York Street dann nicht, sondern fuhren dröhnend und schwankend in hohem Tempo vorbei. »Alles ist gut, ein Polizist bewacht unser Haus«, beruhigte uns die Mutter.

Aus den Fenstern verfolgten wir neidisch und sehnsüchtig das Treiben der Kinder auf der Straße. Uns war nicht erlaubt, mit ihnen zu spielen, da sie Läuse oder ansteckende Krankheiten haben könnten. Manchmal, wenn wir unsere Nasen am Fenster plattdrückten, schauten sie zu uns herauf und schnitten Gesichter. Damals war wenig Verkehr auf den Nebenstraßen, und es gab eine große Auswahl an Straßenspielen wie Hopse, Kreisel und Ballspiele. Im Frühjahr kam noch die May Queen, die Maikönigin, ein Überbleibsel eines alten englischen ländlichen Brauches aus dem siebzehnten

Belfast, Nordirland, 1969

Jahrhundert. Eine Gruppe von Kindern begleitete tanzend und singend die Maikönigin, die eine Krone aus Papier trug und mit bunten Papierstreifen geschmückt war. Sie sangen Loblieder, wie »Our queen can birl her leg, birl her leg, birl her leg … Our queen will never die, never die, never die …« und andere Verse, die ich vergessen habe. Wenn zwei solche Gruppen sich trafen, gab es Streit, welche der May Queens die schönste wäre. Die May-Queen-Umzüge haben sich, wie manch anderer Brauch aus dem siebzehnten Jahrhundert, in Irland länger als in England gehalten.

Da wir nicht auf die Straße gehen sollten, durften wir überall im geräumigen Haus spielen. Unser Spielzimmer war mit Linoleum ausgelegt, die Einrichtung bestand aus einem einfachen Küchentisch aus Holz und einem alten Schrank aus der Bank für unser Spielzeug, drei hohe Fenster ohne Gardinen gingen auf die große Tabakfabrik aus rotem Backstein gegenüber hinaus. Vielleicht weil das Zimmer zweckmäßig, aber etwas trostlos eingerichtet war, erinnere ich mich gut an das Muster der Tapete, das wiederholt zwischen sich windenden Kletterpflanzen drei japanische Damen mit Sonnenschirm zeigte.

Wenn es an Sonntagen regnete, spielten wir im Schalterraum der Bank, einen besseren Spielplatz konnte es für Kinder nicht geben. Wenn ich heute in eine Bank gehe, sehe ich sie mir immer noch daraufhin an. Wir liefen zwischen den Marmorsäulen Rollschuh, rutschten auf dem blankpolierten Zahltisch entlang und richteten uns häuslich in den kleinen Kabinen der Kassierer ein. Wir schlitterten auch auf einem großen Blechtablett die vielen Treppenstufen hinunter und mußten dabei einen fürchterlichen Lärm gemacht haben, denn eines Tages beschwerte sich der Polizist, der unser Haus bewachte; eine Menschenmenge hätte sich versammelt, und alle glaubten, ein Banküberfall wäre im Gange.

Bei schönem Wetter wurden wir zu Wanderungen in die kargen, mit Heide bewachsenen Berge in der Umgebung von Belfast mitgenommen, oder wir fuhren mit dem Zug nach Whitehead an die Küste. Wir waren alle Mitglieder des Belfast Naturalists' Field Club, der botanische und geologische Exkursionen organisierte und Interesse für die Welt der Pflanzen und Steine weckte.

Schon früh gingen unsere Eltern mit uns ins Theater. Ich kann mich noch gut an den ersten Besuch erinnern, wir sahen *Ein Sommernachtstraum*, eine überschwengliche Inszenierung Frank Bensons im Stil von Max Reinhardt, die meine Begeisterung für das Theater weckte. Wir besuchten auch Pantomimen-Veranstaltungen, »Jack und der Bohnenstengel« zum Beispiel, Clownerien und Skurrilitäten. Nur ins Kino durften wir nicht, das als anstößig galt. Es hätte dort Läuse oder ansteckende Krankheiten geben können! Die gerahmten Medici-Drucke holländischer und italienischer Maler, die unsere Wände schmückten, blieben deshalb die einzigen Bilder, die wir zu sehen bekamen. An Regentagen gingen wir manchmal in die protestantische St. Anne's Cathedral zur

Schwester Matilda und Elizabeth Shaw in Whitehead, 1924

Kirche, wo wir alle als Mitglieder der Church of Ireland getauft worden waren, und ab und an kam der Vikar von St. Anne's zu Besuch.

Wie die meisten Leute im Westen Irlands war mein Vater sehr gesellig, und ein Bestandteil seines geregelten Lebens bildeten die Bridge-Partys. Dazu wurden die grünen Spieltische aufgebaut, und Mutter holte das reich verzierte silberne Teeservice, ein Hochzeitsgeschenk, hervor. Zum Tee wurden Sandwiches und Kuchen gereicht. Weder wurde um Geld gespielt, noch gab es in unserem Haus Alkohol. Als Kind mußte mein Vater Großvater Shaw oft aus den Hotels von Manorhamilton, wo er trank und Karten spielte, nach Hause holen. Das hatte meinen Vater dazu gebracht, sich der Temperenzlerbewegung anzuschließen, die damals in Irland weit verbreitet war – und mit neun Jahren gelobte er auf einer öffentlichen Kundgebung feierlich, dem Alkohol für immer zu entsagen. Großvater Shaw interessierte ihn aber für Bridge, und mein Vater wurde ein ausgezeichneter Spieler.

In den vier Wänden unserer Bank führten wir ein interessantes und abwechslungsreiches Leben, doch entging uns nicht, daß die Welt draußen grausam war. Die unbeschreibliche Armut, die zerlumpten Leute auf der Straße, Kinder, die halbnackt und barfuß im Rinnstein spielten, hinterließen bei mir unvergeßliche Eindrücke von menschlichem Leid und sozialer Ungerechtigkeit, die Erkenntnis, daß alles weit entfernt davon war, in Ordnung zu sein. Einmal saß ich in der Straßenbahn einer alten Frau gegenüber. Der Wollumhang, den sie trug, glitt auseinander, daß ich darunter ihre nackte braune Haut sehen konnte, die die dünnen Rippen überspannte. Die Straße roch nach Sägemehl, Bier, Staub und rohem Tabak. Pferdewagen ratterten vollbeladen vom Hafen zum Bahnhof. Weit weg, hinter den Schornsteinen der Leinenfabrik, konnte man schemenhaft die Spitze eines grünen Berges erkennen.

Jeden Abend, wenn die Dampfer nach England oder Schottland ausliefen, versammelte sich eine Menschenmenge am Kai. Traurige Lieder wie *Danny Boy* und *Auld Lang Syne* wurden gesungen, um den Verwandten Lebewohl zu sagen, die auf der Suche nach Arbeit und einem besseren Leben ihre Heimat verließen.

7

O'Donnel Aboo

Proudly the note of the trumpet is sounding,
Loudly the war-cries arise on the gale;
Fleetly the steed by Lough Swilly is bounding,
To join the thick squadrons in Saimear's green vale.
On, ev'ry mountaineer,
Strangers to flight and fear!
Rush to the standard of dauntless Red Hugh!
Bonnaught and gallowglass,
Throng from each mountain pass;
On for old Erin, »O'Donnell Aboo!«

O'Donnell Aboo

Stolz durch die Luft bläst der Ruf der Trompete,
Laut sind die Klänge der Krieger im Sturm,
Stampfend das Pferd an den Ufern Lough Swillys,
Drängt zu den Mannen in Saimears grünem Tal.
Vorwärts, aus Berg und Schlucht,
Fremd ist Euch Angst und Flucht,
Vorwärts zur Fahne des furchtlosen Hugh!
Irländer überall,
Stürmend aus jedem Tal,
Vorwärts für Erin, »O'Donnell Aboo!«

Michael Joseph McCann

Am St. Patrick's Day, dem 17. März, teilte mein Vater ein kleines Bündel Shamrock (das Kleeblatt ist Irlands Nationalsymbol) und gab jedem von uns einen Stengel, um ihn ans Hutband zu stecken. Wenn man an die Geschichte Irlands denkt, kommt es mir heute merkwürdig vor, daß wir im Norden das Symbol für die irische Unabhängigkeit trugen, worauf einst die Todesstrafe stand.

Mein Vater wurde 1870 geboren, und er war schon ein junger Mann, als Parnell, einst der »ungekrönte König von Irland« genannt, 1892 starb. Parnell leitete die Bewegung für die Unabhängigkeit Irlands, bis er 1890 durch eine Scheidungsaffäre und durch seine Heirat mit Kitty O'Shea seinen Einfluß und seinen Posten verlor.

1968 saß ich in einer Bar in London und sprach mit einem meiner Brüder über die Unruhen in Irland, als die irische Bardame uns unterbrach und sagte: »Wäre nicht Kitty O'Shea gewesen, wäre die ganze Geschichte Irlands anders gekommen.«

Diese Affäre hatte nicht nur bei meinem Vater das Interesse an der Tagespolitik gedämpft. Trotzdem kaufte er ein kleines Buch über die Geschichte Irlands von W. F. Collier, am 26. April 1898, wie er in seiner Spinnenschrift im Einband notierte.

Unser Nationalbewußtsein wurde durch die Schule bestärkt. Ich besuchte von 1924 bis 1933 die Belfast Royal Academy in der Cliftonville Road (eine Schule mit Koedukation), deren Direktor W. F. Collier auch einmal gewesen war, vielleicht hatte man seinetwegen diese Schule für uns ausgewählt.

Es wurde Schulgeld bezahlt, und wie an allen Privatschulen trugen wir eine Uniform: die Jungen rot-blaue Mützen mit dem Abzeichen BRA, wir Mädchen lange schwarze Strümpfe, weiße Blusen, dunkelblaue Röcke und dunkelblaue Hüte mit rot-blau gestreiften Hutbändern mit dem Schulabzeichen. Die Schüler in staatlichen Schulen trugen keine Uniform, so wurden wir sozial kenntlich gemacht. Während der Unruhen mußten wir mit der Straßenbahn zur Schule fahren, statt den üblichen Fußweg durch die Straßen zu nehmen, in denen die Armen wohnten.

Ich ging mit vier Jahren zur Schule. Als meine Schwester Matilda mit fünf das schulpflichtige Alter erreichte, war meine Mutter der Meinung, daß ich mitgehen könnte. Matilda und ich waren unzertrennlich wie Zwillinge. Ich war mächtig stolz auf meine Schwester und erstaunt darüber, wie schnell sie laut lesen lernte. Und als sie nach dem ersten Schuljahr, im Gegensatz zu mir, in die zweite Klasse versetzt wurde, kam ich mir schrecklich gedemütigt und verlassen vor. Ich sehe immer noch die zerkratzte Holzschulbank vor mir, auf die ich meinen Kopf legte, bitterlich weinte – und mich von Miss McVeigh, unserer netten Lehrerin, nicht trösten lassen wollte. Zum erstenmal wurde ich von meiner Schwester getrennt. Wir gingen jedoch zusammen zur Schule und trafen uns nach dem Unterricht wieder, um gemeinsam nach Hause zu gehen: die Hillman Street, protestantisch, oder die Meadow Street, katholisch, hinunter, über die North Queen Street, katholisch, und die Earl Street, protestantisch, entlang bis zur York Street.

Denkmal für den »Hingerichteten Patrioten«, 1793

Die Academy war ein graues Gebäude aus Granit, das 1793 im Stil eines schottischen Schlosses erbaut worden war, mit Ecktürmen und einem breiten, zum Haupteingang führenden Treppenaufgang. Die Auswirkungen der Französischen Revolution und des amerikanischen Unabhängigkeitskrieges hatten in Irland zur Bildung der *Society of United Irishmen* beigetragen, die von dem Protestanten Wolfe Tone angeführt wurde.

Die Academy war im Geist von Aufklärung und Toleranz errichtet worden, das »Royal« kam erst viel später bei einem Besuch von Königin Victoria hinzu. Während meiner Schulzeit war Alec Foster Direktor, und er führte die Academy ganz im Sinne ihrer Gründer weiter. Foster muß sehr jung gewesen sein, aber wie Kinder Lehrer nun mal sehen, schien er alterslos, sehr hager, mit tiefen Furchen im Gesicht. Foster war mit der Schwester von Robert Lynd, einem linken Schriftsteller, verheiratet. Sie hatten eine Tochter, Christine, die spätere Frau von Conor Cruise O'Brien, und adoptierten die Enkelin von Sir Samuel Ferguson, einem Dichter und Sammler der heroischen Legenden Irlands.

Meine Eltern freundeten sich mit dem Ehepaar Foster an und spielten oft das gute alte schottische Spiel Golf mit ihnen. Der Golfplatz lag am Rande von Belfast, mit einem schönen Blick über das Meer. Hinter dem Golfplatz erhob sich ein Berg, Cave Hill, auf dessen felsiger Spitze, McArts Fort genannt, Wolfe Tone und die United Irishmen ihren Schwur zur Befreiung Irlands abgelegt hatten.

Viel später, in den sechziger Jahren, war Alec Foster einer der Begründer der Wolfe Tone Society, einer Organisation, die zur Entwicklung der Bürgerrechtsbewegung beitrug. Foster, von der Gaelic League beeinflußt, führte damals, neben englischer Geschichte, die irische Geschichte als Fach an der Academy ein. Die blauen Augen der Lehrerin, Miss Elvidge, blitzten, als sie uns von den schrecklichen Greueltaten der Briten in Irland erzählte. Wir lernten auch irische Volkstänze und Lieder, was in einer protestantischen Schule ungewöhnlich war. Der Lehrplan blieb aber nicht auf die Britischen Inseln beschränkt, denn uns wurde auch rhythmischer freier Tanz im Stil von Isadora Duncan, die damals modern war, beigebracht. Dabei trugen wir, ganz klassisch, wie die alten Griechen, kurze grüne Tuniken. Französische Stücke im Original sowie Shakespeare wurden unter den Platanen auf dem Schulhof aufgeführt.

Dem Fachbereich Französisch stand eine leicht erregbare französische Madame vor, die von Mr. Hugh O'Donnell assistiert wurde, der aus dem Westen Irlands stammte. Mr. O'Donnell war schmächtig, mit schütterem Haar auf dem eiförmigen Kopf und einer Brille auf seiner großen Hakennase, dazu ein scheues Lächeln. Er steckte voller Späße und flirtete gern mit uns Mädchen. Er hatte das Klassenzimmer neben Madame, und wenn sie ihre widerspenstigen Schüler nicht länger bändigen konnte, stürzte sie händeringend in seinen Raum und bat ihn unter Tränen um Hilfe. Friedfertig wie Mr. O'Donnell war, konnte er Madame und ihre Klasse wahrscheinlich nur beruhigen, weil die Schüler mit den Hänseleien ihr Ziel bereits erreicht hatten, Madame zur Verzweiflung zu bringen.

»Wissen Sie eigentlich«, sagte mein Vater einmal beim Golfspiel zu Alec Foster, »daß Sie das Oberhaupt des O'Donnell Clans unter Ihren Französischlehrern haben?« Der O'Donnell Clan war eine der großen altirischen Sippen der keltischen Zeit.

Der Schuldirektor freute sich darüber sehr und wies an, im Gesangsunterricht künftig die Schlachtenhymne des Clans, *O'Donnell Aboo!*, einzuüben. Bald darauf ertönte diese wilde Musik über das ehrbare presbyterianische Viertel hinweg und ließ die Fenster erzittern.

Geschichte, Sprachen und die Künste wurden an der Academy vorbildlich gelehrt, die Wissenschaften dagegen kamen etwas kurz. Es gab ein Labor und ein Unterrichtsfach, das sich sehr vage »Wissenschaft« nannte und von Mr. Carpenter, einem Waliser, gelehrt wurde, der einen großen schwarzen Schnurrbart und eine grandiose Singstimme hatte. Mr. Carpenter trat bei Schulkonzerten auf, und ich vermute, daß dies der Grund für seine Einstellung gewesen war, denn Alec Foster sang selbst sehr gern. Mr. Carpenters Interesse am Unterricht war gering, und wir sprangen in seinen Stunden über die Labortische und trieben anderen Unsinn, was Mr. Carpenter zu ignorieren versuchte.

Wir hatten keinen Religionsunterricht, aber zu Beginn des Morgenappells wurde ein Gebet gesprochen und ein Stück aus der Bibel vorgelesen, nach presbyterianischem Brauch standen wir dabei. Madame und Mr. O'Donnell, die katholisch waren, warteten inzwischen mit einigen jüdischen Schülern draußen auf dem Flur und kamen erst zu den Bekanntmachungen herein. So wurde Respekt für Andersdenkende gezeigt.

Die Shaw-Familie in Portstewart, 1933

Wie in allen Schulen roch es in der Academy nach Kreide, Holz und Tinte und nach alten vertrockneten Brotresten; heute, mit Taschenrechnern, Computern und Kugelschreibern, wird dies wohl anders sein. Wenn der Hausmeister die große Glocke aus Messing schwenkte und damit das Ende des Schultages ankündigte, lärmten die großen Schüler wild die Treppen hinunter. Die Kleinen mußten, damit sie nicht umgerannt wurden, erst mal im Klassenraum bleiben.

Unser Direktor war ein temperamentvoller Mensch, und wenn er in Rage kam, traten seine Adern dick hervor, und seine blauen Augen blitzten furchteinflößend. Wenn er in Wut war, handelte er manchmal unüberlegt. Einmal gab ihm mein Bruder Patrick nichtsahnend ein paar Zeilen von unserer Mutter. Sie entschuldigte Patrick damit für den vergangenen Nachmittag, an dem sie mit uns eine Shakespeare-Matinee im Theater besucht hatte. Natürlich waren meine Schwester und ich auch dort gewesen, aber wir waren klug genug, die Entschuldigungszettel nicht abzugeben. Patrick wurde in barschem Ton mitgeteilt, er wäre von der Schule verwiesen, daraufhin nahm er seine Mütze und ging, doch kaum war er zu Hause, erschien bereits der Hausmeister der Schule mit der Nachricht, daß alles vergeben sei, und er solle sofort zurückkommen.

Ich habe die Jahre an der Academy als eine glückliche Zeit in Erinnerung. Sie war ein zweites Zuhause, wo wir vom Sandkasten bis zur Pubertät in einer toleranten und liberalen Atmosphäre und in einer wohltuenden Unordnung aufwuchsen. Natürlich gab es auch die kleinliche Lehrerin für Hauswirtschaftslehre, wie die Näh- und Kochstunden hießen, die immer etwas an mir auszusetzen hatte, und die sadistische Sportlehrerin, aber ihre Missetaten sind mittlerweile verblaßt. Es gab zu dieser Zeit auch einen Elternbeirat, der gemeinsam mit der Direktion der Schule tagte, und häufig führten die Methoden und Ziele des Direktors zu Auseinandersetzungen. Aber der Einfluß eines so begabten Pädagogen wie Foster auf die Stundenplangestaltung war von unschätzbarem Wert, und dies wurde auch letztlich von den meisten anerkannt.

Dann beschloß mein Vater, bei der Bank aufzuhören und Belfast, das er ohnehin nie gemocht hatte, zu verlassen. Meine Eltern überlegten, wohin sie gehen sollten. Nach Neuseeland vielleicht, wo verschiedene Verwandte väterlicherseits lebten? Nach dem, was sie gehört hatten, war Neuseeland ein schönes und gesundes Land, aber es lag zu weit entfernt. Ein Bruder meines Vaters lebte in Dublin. Irisch war dort an den Schulen Pflichtfach, und wir, die wir die Sprache nicht gelernt hatten, wären vielleicht benachteiligt, meinte unsere Mutter. Schließlich beschlossen sie, nach England zu gehen, nach Bedford, einer kleinen Stadt mit guten und billigen Schulen und nur achtzig Kilometer von London entfernt.

Und so verließen wir Irland. »Denn das ganze Land kommt auf den Hund«, sagte mein Vater.

2. Teil

1

The search

... It was a hard responsibility to be a stranger,
to hear your speech sounding at odds with your neighbours;
holding your tongue from quick comparisons,
remembering that you are guest in the house.

Often you will regret the voyage,
wakening in the dark night to recall that other place
or glimpsing the moon rising and recollecting
that it is also rising over named hills,
shining on known waters ...

Die Suche

... Es war eine schwere Aufgabe, Fremder zu sein,
die Rede seltsam lauten zu hörn unter den Nachbarn;
fortzuhalten die Zunge vor raschen Vergleichen,
zu erinnern, du bist Gast hier im Haus.

Oft noch wirst du die Reise beklagen,
wachend zur Nacht herrufen die andere Landschaft,
oder zum Mond aufblinzeln, dir zu sagen,
daß er geradeso aufgeht über gewissn Hügeln,
Schein werfend auf bekannte Wasser ...

John Hewitt (deutsch von Rainer Kirsch)

Unsere Eltern kauften unbesehen ein winziges Haus in der Nähe des Bahnhofs von Bedford, weil ihnen das Angebot günstig erschien. Es war ein halbes Doppelhaus mit einem von einer Mauer umgebenen kleinen Stückchen Garten hintendran, worüber wir uns sehr freuten, da wir bisher nie einen eigenen Garten besessen hatten. Meine Mutter und meine Schwester legten immerzu neue Blumenbeete und Rabatten an und stellten Spaliere für Rosen und Kletterpflanzen auf.

Bedford war damals das kleine schläfrige Zentrum der Grafschaft gleichen Namens und berühmt für sein Gefängnis, wo der Puritaner John Bunyan im siebzehnten Jahrhundert *Pilgrim's Progress* geschrieben hatte. Ein Glanzpunkt dieser Stadt war für mich eine antiquarische Buchhandlung, die Bibliotheken von Landhäusern aufkaufte. Dank der mangelnden Sachkenntnis der Antiquare dort habe ich für mein kleines Taschengeld manche Schätze erwischt.

Ich mochte Bedford nicht. Ich mochte weder das flache, landwirtschaftlich genutzte Land, durch das träge die Ouse floß, noch die langweilige kleine Stadt, noch die höhere Töchterschule mit den altjüngferlichen Lehrerinnen, ihren zum Beispiel streng nach hinten gekämmten Haaren, buschig zusammengewachsenen Augenbrauen über der Brille und großen Füßen, die in klobigen Wanderschuhen steckten. Damals mußten Frauen, die heirateten, ihren Lehrerberuf aufgeben. Diejenigen, die im Beruf verblieben, waren folglich meistens keine Schönheiten. In der Pubertät neigt man dazu, Ältere als Karikaturen zu sehen. Tatsächlich aber hatte die Generation von Frauen, die uns unterrichtete, Großes geleistet. Sie hatten für ihr Recht gekämpft, an den Universitäten studieren zu dürfen, und als Sufragetten das Frauenstimmrecht gefordert. Viele hatten ihren zukünftigen Mann in den Schlachten des ersten Weltkriegs verloren.

Wir wechselten mit dem Land und der Schule natürlich auch die Schuluniform. In der Bedford High School trugen die Mädchen pastellfarbene Blusen mit dunkelblauen Röcken und braune Strümpfe dazu. Unsere sparsame Mutter vereinbarte mit der Schuldirektorin, daß wir unseren Berg schwarzer Strümpfe erst abtragen durften. Beim Morgenappell gab es also in der Aula 598 Mädchen mit braunen und zwei mit schwarzen Strümpfen, was in unserem sensiblen Alter schrecklich war. Wir waren als Fremde abgestempelt, und auch als wir ablehnten, die schwarzen Strümpfe zu tragen, blieben natürlich die Unterschiede in der Aussprache und in den Gewohnheiten bestehen.

Meine beiden Brüder gingen zur Bedford School, einer Privatschule für Jungen, die ganz im Gegensatz zu unserer fröhlichen alten Academy sehr konservativ und traditionell war.

Ich hatte Heimweh nach Irland, sehnte mich nach der Landschaft dort, nach vertraut klingenden Stimmen und weinte oft. Ich kaufte Bücher über die irische Sprache und schrieb sentimentale nationalistische Gedichte, in Gedanken immer noch von Miss Elvidge angefeuert. Ich gab mir nicht einmal Mühe, den Stoff der neuen Fächer wie Biologie, Chemie und die Heilige Schrift nachzuholen, und verhielt mich gleichgültig gegenüber den beiden netten kleinen Mädchen in meiner Klasse, die dazu ausersehen waren, sich um mich zu kümmern. Meine Schulkameradinnen waren größtenteils Töchter von in Indien stationierten Offizieren. Bedford bot für wenig Geld eine ordentliche Schulbildung, deshalb ließen sich viele ehemalige, vorzeitig in den Ruhestand versetzte Kolonialoffiziere dort nieder.

Allmählich begann ich mich mit den veränderten Bedingungen abzufinden, doch meine allgemeine Unruhe wuchs. Ich konnte es nicht erwarten, von zu Hause und von der Schule wegzukommen, und machte es meinen Eltern nicht gerade leicht. Es gab aber auch schöne Zeiten in Bedford. Wir fuhren auf dem Fahrrad durch das Land und besuchten das Theater in London, wo wir uns Olivier und Gielgud in den Shakespeare-Stücken ansahen, die wir in der Schule behandelten – und zu unserer Freude feststellten, daß Gielgud in *Richard II.* richtige Tränen weinte. Wir sahen uns Ausstellungen an, wie zum Beispiel jene unvergeßlich schöne über chinesische Kunst in der Royal Academy. Das Kino hatte seinen anrüchigen Charakter verloren, allerdings wurde uns von der Schule ein Besuch nur in den Ferien gestattet. Zu meiner Freundin bemerkte jemand einmal, sie sehe aus wie Greta Garbo, was ihr so zu Kopf stieg, daß sie nur noch daran dachte, zur Bühne zu gehen, das erfüllte sich dann auch. Als ob wir süchtig wären, saßen wir drei Vorstellungen hintereinander im Kino und verbrachten Stunden damit, uns in die Welt der Filmmagazine – und damit in die Traumwelt Hollywoods entführen zu lassen. In diesem Alter scheint man sich nach Kitsch zu sehnen.

Wir wurden auch langsam mit den Medien vertraut. In unserem neuen Radio hörten wir die Nachrichten über Unruhen in Europa, die Nazis hatten in Deutschland die Macht übernommen, in Abessinien und Spanien war Krieg, Neuigkeiten, die uns beunruhigten, aber noch weit entfernt und unwirklich schienen.

Ende 1936 gingen meine Schwester und ich für einen Monat nach Paris, was unsere Eltern ein Vermögen gekostet haben muß. Wir wohnten in dem vornehmen Vorort Neuilly in der Nähe des Bois de Boulogne in der Wohnung von Madame de Troudon, die Mädchen aus England aufnahm, die ihr Französisch vervollkommnen sollten. Eine Hauslehrerin erteilte uns jeden Morgen Unterricht und machte mit uns Besichtigungstouren durch die Stadt.

Madame de Troudon war Royalistin, und an den Wänden in ihrer Wohnung hingen Porträts ihrer adligen Vorfahren. Ihre beiden Töchter fragten sofort, wann wir dem englischen Hof vorgestellt werden sollten. Als sie erfuhren, daß dies nicht der Fall sein würde, verloren sie schlagartig jedes Interesse an uns. An der Toilettentür war ein Plakat der faschistischen Organisation Croix de Feu angebracht. Madame de Troudon machte keinen Hehl aus ihrer Unterstützung für die Nazis in Deutschland und glaubte, daß die Sowjetunion der wahre Feind Frankreichs wäre. Auf dem Couchtisch im Salon, der mit eleganten Möbeln im Stil Louis' XV. eingerichtet war, lagen Flugblätter mit primitiven farbigen Zeichnungen, auf denen erhängte Bolschewiken abgebildet waren. Das alles machte meine Schwester, die sich gerade mit Tolstoi beschäftigte, sehr unglücklich, und jeden Abend in unserem Schlafzimmer tröstete ich sie und versprach ihr, daß wir am nächsten Tag nach Hause fahren würden, bis an die dünne Wand gepocht wurde und wir die Ermahnung hörten: »Parlez Français! – Redet französisch!« Wir sollten ausschließlich französisch sprechen, was natürlich gut gemeint war. Meine Schwester hatte bereits einen Monat in Frankreich bei der freundlichen Familie eines Töpfers verbracht, ich war jedoch das erste Mal außerhalb der Britischen Inseln und fand es ungeheuer aufregend. Zu jener Zeit hatten die Straßenbahnen in Paris am Ende eines jeden Wagens eine kleine, offene Plattform, auf der wir standen und den wundervoll fremdartigen Knoblauchgeruch einsogen, ein Duft, der mich immer an jene erste exotische Auslandsreise erinnert. Wir sahen uns den Louvre an und die blauen Fenster von Notre-Dame, gingen in Corneilles im klassischen Stil inszenierte Aufführung von *Der Cid* und in Molières *Der eingebildete Kranke*, in der Ausstattung von Christian Bérard. Natürlich wurden wir auch nach Versailles mitgenommen, wo uns Madame persönlich herumführte. Sie tadelte uns, weil wir nicht ordentlich gingen, und beobachtete uns mit ihren kalten blauen Augen geradeso, wie sie es tat, wenn wir beim Essen nicht wußten, was wir mit den Fingerschalen anfangen sollten.

Als wir zurückkehrten, fragte meine Mutter: »Nun, wie war es?«

»Furchtbar«, stöhnten wir.

Für mich war es eine unvergeßliche Reise, und in der Französischprüfung bekamen wir gute Noten.

2

Der Krieg soll verflucht sein.

Bertolt Brecht, Mutter Courage und ihre Kinder

Glücklicherweise war ich niemals darüber im Zweifel, welche Laufbahn ich einschlagen sollte. Wie mir erzählt wurde, verkündete ich bereits mit vier Jahren, daß ich Künstler werden wollte. Wahrscheinlich war dieser Wunsch von meiner Mutter beeinflußt, die Bilder für uns zeichnete, bis sie bemerkte, daß wir die Hinterbeine eines Stuhles genausogut wie die Vorderbeine zeichnen konnten. Da gab sie auf. Die Bilder, die wir malten, pinnten wir an die Wände unseres Spielzimmers. Einmal nahmen wir beide an einem von einer Zeitung ausgeschriebenen Zeichenwettbewerb teil, und meine Schwester Matilda gewann einen Preis, was mich fürchterlich kränkte.

Die Zeichenlehrerin an der Academy lobte meine Vorstellungskraft und ermutigte mich. Keine der Zeichnungen aus jener Zeit ist erhalten geblieben. Als ich lesen und schreiben lernte, verfaßte ich kleine Geschichten und Gedichte für die Schülerzeitschrift *The Owl*, und Mr. Shearman, der Leiter des Fachbereichs Englisch, ermunterte mich, weiterzumachen. In der Schule in England war ich ebenfalls gut in Zeichnen, Geschichte und in englischer Literatur. Ich hatte Gedichte sehr gern und lernte sie schnell auswendig. Im Zeichenunterricht wurde ich bald Miss Becks Lieblingsschülerin, und am Nachmittag gab sie mir ein wenig Privatunterricht. Sie entwarf eine glänzende Karriere für mich: ich sollte für drei Jahre an eine Kunstschule nach London gehen, dann am Royal College weiter studieren und schließlich den Rom-Preis gewinnen und die Höhen des Olymp besteigen.

Es war kurz vor dem Abitur und an der Zeit, mich für einen Beruf zu entscheiden. Ich wäre gern zur Universität gegangen und hätte Geschichte studiert, aber meine Noten waren sehr unausgeglichen, mit Mathematik beispielsweise war es ganz hoffnungslos. Zur allgemeinen Überraschung bestand ich aber in allen Fächern und hätte mich für die Aufnahme an der Universität bewerben können, was jedoch zwei weitere Jahre an der Schule, dazu noch in Bedford, bedeutet hätte. Deshalb entschied ich mich für die Chelsea School of Art in London, an der einer von Miss Becks ehemaligen Schülern studierte.

»Niemals«, sagte meine Mutter, »iß etwas von diesen großen Dattelblöcken, die du in Miss Boyes Laden siehst. Sie sind von Arabern mit nackten Füßen und großen schmutzigen Zehennägeln platt getreten worden!«

Das war einer der wenigen weltfremden und schillernden Ratschläge, die sie uns mit auf den Weg gab.

»Niemals«, sagte meine Mutter, als ich mit siebzehn von zu Hause fortging, um an der Chelsea Art School in London zu studieren, »heb ein Taschentuch auf, das von einer alten Dame fallen gelassen wurde, sie könnte dich mit Chloroform betäuben wollen, und du würdest als weißer Sklave in Südamerika aufwachen.«

Ausgestattet mit einer neuen Tweedjacke, einem Tweedrock und einem dunkelblauen Wollkleid, dazu eine schrecklich krause Dauerwelle und meine Hornbrille – so machte ich mich auf, London und das Leben zu erforschen. Meine Eltern hatten dafür gesorgt, daß ich in einem Mädcheninternat unterkommen konnte, das eine alte Cousine aus Irland empfohlen hatte, aber ich zog dort bald aus.

London – die Gerüche der Großstadt; Benzin, Stroh und Staub, das Rattern und Dröhnen des Verkehrs, der an Belfast erinnerte. Nicht zu vergleichen mit dem kleinstädtischen Bedford, den vier Jahren an der auf Verordnungen und Reglementierungen bedachten Mädchenschule, mit den Problemen der Pubertät belastet. In dem bedrängend engen, behüteten Bedford mit seinen pensionierten Offizieren, Fahrrad fahrenden Frauen und Mandelblüten in den Vorgärten

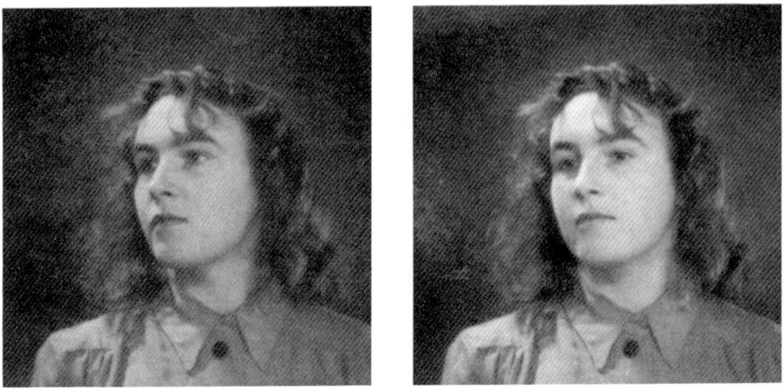

Elizabeth Shaw, 1939

konnte ich weder frei atmen noch träumen. London dagegen bot alles!

Am ersten Tag in der Kunstschule wurde ich zum Aktzeichnen geschickt. Im Kreis saßen wir auf sogenannten hölzernen Eseln um das Modell, und der Lehrer, der Maler Robert Medley, ging herum und erklärte mir, wie ich mit einigen grundlegenden Strichen die Figur entwerfen konnte. Ein Blick auf die Zeichnungen der anderen führte mir meine scheinbar hoffnungslose Unfähigkeit vor Augen. Ich war den Tränen nahe, und auf dem Rückweg zum tristen Internat ging ich in ein Café und tröstete mich mit einem großen Stück Schokoladenkuchen.

Ziemlich lange war ich nicht recht davon überzeugt, daß ich Kunst studieren sollte, aber meine Eltern waren der Meinung, ich müsse zu der Laufbahn stehen, für die ich mich einmal entschieden hatte. Ich war beim Unterricht an der Kunstschule nur halb bei der Sache und verbrachte viel Zeit damit, durch London zu streifen. Jede Woche studierte ich die Anzeigen im *New Statesman*, der kulturelle Veranstaltungen aufführte, und unternahm Entdeckungsreisen. Ich ging am Ufer der Themse entlang über die Westminster Bridge in das Stadtzentrum. Ich hörte Professor Joad vor der Peace Pledge Union sprechen – wir alle wußten, daß ein Krieg unvermeid-

lich war –, sah T. S. Eliots *Mord im Dom* in einer alten Kirche in der City. Eliots Lyrik faszinierte mich, und seine strengen, pessimistischen und sonoren Töne gingen mir nicht aus dem Sinn.

Häufig besuchte ich Veranstaltungen in der Conway Hall am Red Lion Square in Holburn, die für zahlreiche Anlässe mit liberalem Charakter vermietet wurde. Als ich dort saß und mir die Reden über den bevorstehenden Krieg anhörte, las ich das in goldenen Buchstaben über dem Podium angebrachte Zitat »To thine own self be true« und fragte mich, was damit gemeint war. Sei dir selbst treu. Kürzlich ging ich dort wieder vorbei und bemerkte auf dem Platz eine kleine Statue des neunzigjährigen Pazifisten Fenner Brockway, der damals noch lebte und mit seinen ausgebeulten Hosen und seiner Brille genauso aussah wie zu jener Zeit, als ich ihn hatte reden hören. Ich schaute mir den Saal an, der unverändert war, nur ein wenig schäbiger, auch das Zitat befand sich noch über dem Podium, und ich fragte mich erneut, was es bedeuten könnte.

An einem Tag im Jahre 1939 geriet ich zufällig in die Ausstellungseröffnung der Arbeiten von Amédée Ozenfant, der sich auf der Reise von Paris nach New York befand. Er war einer der Avantgarde-Künstler in Paris, als Picasso und

Matisse den Kubismus erfanden. Ozenfant gab mit Le Corbusier die Zeitschrift *L'Esprit Nouveau* heraus und begründete den Purismus, der Kubismus und Konstruktivismus vereinte. Es war die Zeit, in der die moderne Bewegung von Paris nach New York umsiedelte.

Die Ausstellung wurde von dem im Gegensatz zu den temperamentvollen Künstlern ruhig und beherrscht wirkenden Herbert Read eröffnet. Reads *Die Bedeutung der Kunst* war für mich in meiner Schulzeit die Einführung in die moderne Kunst gewesen, nun kaufte ich Ozenfants orangefarbenes Buch *Grundlagen der modernen Kunst* und las es mit Begeisterung.

»Man sollte niemals vergessen, zu den Sternen aufzublicken!«

Sterne. – Das Buch habe ich längst nicht mehr, aber ich blicke immer noch zu ihnen empor, wenn ich mich daran erinnere.

3

Meine Streifzüge durch London unternahm ich allein, aber ich schloß Freundschaften mit einigen Mädchen in meinen häufig wechselnden Unterkünften und an der Kunstschule. Ich spielte Tennis mit dem Sohn meiner Wirtin in der Cheyne Row Nr. 11, wo ich auch eine Frau kennenlernte, die als Privatsekretärin bei einem Geschäftsmann arbeitete und mir alle Einzelheiten ihres Liebeslebens anvertraute, was mich mächtig interessierte. Am Abend aßen wir alle zusammen im Speisezimmer, und einer der Untermieter, ein Psychiater, verteilte Bleistift und Papier und machte mit uns verschiedene Tests. Danach erzählte sie uns mit einem geheimnisvollen Lächeln, welche geistigen Verwirrungen uns erwarteten, würden wir aus dem Gleichgewicht gebracht. Ich mußte nur wenig Miete zahlen, da die Wirtin mich als Spielkameraden ihres Sohnes betrachtete. Leider kam sie später um, als sie bei einem Luftangriff gegenüber in der Krypta der Chelsea Old Church Schutz suchte.

Die Mahnung meiner Mutter im Hinterkopf, begegnete ich alten Damen mit Mißtrauen, aber nie sah ich eine von ihnen ein Taschentuch fallen lassen. Die eleganten Londoner Männer, die Bowler und Hosen mit Streifen trugen, erregten meine Aufmerksamkeit mehr. Die Hornbrille und das Tweedkostüm legte ich ab und schaffte mir modebewußt einen schwarzen Mantel an, einen schwarzen Hut mit einem Schleier, cremefarbene Handschuhe und einen Schirm gleicher Farbe. Eines Tages, als ich meine Unterkunft betrat, wurde ich von einem großen Herrn angesprochen, der sagte, er würde hier Freunde besuchen. Er trug gestreifte Hosen, ein schwarzes Jackett, einen schwarzen Schirm und trat sehr weltmännisch auf. Seine Einladung zum Essen schmeichelte mir, ich war beeindruckt, als er sich als Journalist vorstellte, wunderte mich, als ich in seiner Wohnung keine Bücher entdeckte, und war überrascht, als er mich zu verführen suchte. Kommilitonen an der Kunstschule erzählten mir später, er wäre ein bekannter, aber nicht einmal sehr guter Juwelendieb, der sich meist in der Burlington Arkade zu schaffen machte und schon ein paarmal gesessen hatte. Ich gab meine Illusionen zusammen mit Hut, Schleier und cremefarbenem Regenschirm auf und zog Wollpullover und Sandalen an. Meine Dauerwelle wuchs von selber aus.

Die Studentinnen an der Chelsea Art School waren damals teilweise junge Frauen aus wohlhabenden Familien, die die Zeit zwischen Schulabschluß und Heirat nutzten, um sich mit dilettantischen Malkünsten zu schmücken. Eine war erst kürzlich bei Hofe vorgestellt worden und eifrig damit beschäftigt, dieses Ereignis in Aquarell festzuhalten. Unter ihnen gab es eine hübsche Blondine, die immer Strandkombinationen trug, um ihre goldbraune Haut zur Geltung zu bringen, und ein kleines, elegant gekleidetes, neunzehnjähriges Mädchen, das zu unserem Entsetzen im Begriff war, einen alten Mann von dreißig zu heiraten. Ich erinnere mich, wie sie beim Säubern des Pinsels im Waschraum sagte: »Absolut nichts ruiniert das soignierte Aussehen so wie ein schlecht verschnürtes Paket!« Ein Gedanke, der mir nie gekommen war. Diese selbstsicheren Schickeria-Typen, denen ich bisher nie begegnet war, unterhielten sich fröhlich im Gemeinschaftsraum, bis sie von dem barschen alten George Day in seinem langen, weißen, mit Farbe bekleckten Kittel von Zeit zu Zeit hinausgejagt wurden.

Es gab keine Anwesenheitskontrollen an der Schule, und die zahlenden Studenten kamen und gingen, wie sie wollten. Jene, die für das Studium nicht selbst aufkamen und vom Londoner Stadtrat Beihilfen erhielten, mußten bestimmte Kurse und Prüfungen absolvieren und anschließend eine einjährige Lehrerausbildung machen.

»Nehmen Sie das Studium ernst?« wurde ich von dem kleinen, glatzköpfigen und hitzigen Assistenzlehrer Brian Robb im Fach Buchillustration gefragt. Natürlich waren auch unter den zahlenden Studenten solche, die ernsthaft studierten. Unter den Mädchen gab es einige sehr begabte, von denen man später jedoch wenig hörte. Wahrscheinlich hatte sie die Belastung durch Heirat und Kinder zum Aufgeben gezwungen. Prunella Clough war eine der wenigen, deren Namen ich viele Jahre später bei meinen gelegentlichen London-Aufenthalten in Kunstkatalogen wiederfand.

Während des Studiums lebte sie bei einer Tante am Sloane Square, und wir gingen manchmal gemeinsam die Kings Road hinunter nach Hause. Verträumt und weltfremd, mit Röcken, die immer die falsche Länge hatten, gehörte sie ganz und gar nicht zu jenem modebewußten Kreis.

Unter den jungen Männern gab es einen, dessen dunkle Augen meine Aufmerksamkeit beanspruchten. Zierlich, agil und gepflegt, war er ständig von hübschen Mädchen umlagert. Er hieß Dirk Bogarde und wurde ein bekannter Schauspieler und Schriftsteller. Als alten Mann sah ich ihn in der Hauptrolle des Films *Tod in Venedig*.

Ich schrieb mich an der Kunstschule zuerst für einen Grundlehrgang ein, der Aktzeichnen, Anatomie, Perspektive und das Zeichnen von antiken Gipsformen beinhaltete, was mir Freude machte. Hugh Finney war der Lehrer in diesem letzten Fach, er lobte meine Zeichnungen und interessierte sich für meine Arbeit, deshalb besuchte ich donnerstags immer seinen Unterricht, anstatt London zu erkunden.

Im zweiten Jahr konzentrierte ich mich mehr auf Buchillustration. Dieser Bereich wurde von dem Maler Graham Sutherland geleitet, der ein ausgezeichneter Lehrer war. Mit seinem kleinen dunklen Kopf und den durchdringenden blauen Augen sah er aus wie ein Mönch. Leise ging er in seinem blauen Kittel von einem Studenten zum anderen und begutachtete ihre Arbeiten. Am Rand des Papiers malte er manchmal von ihm vorgeschlagene Änderungen auf, und ich wünschte, ich hätte einige dieser zarten Zeichnungen aufgehoben.

Einmal in der Woche belegte ich weiterhin den Unterricht im Aktzeichnen. Dirk Bogarde beschreibt in seinem Buch *A Postillion Struck by Lightening* die Modelle als »immer häßlich, immer dünn oder mächtig dick und angezogen genausowenig akzeptabel wie ohne Kleider«. Ich erinnere mich zumindest an zwei Modelle, die dieser Beschreibung überhaupt nicht entsprachen. Eines war ein junges Mädchen mit einer ausgeprägten Maillol-Figur, die uns erzählte, sie könne ein Telefonbuch in der Mitte durchreißen. Die andere war das bekannte Modell Wendy Blood, die später den Maler Victor Pasmore heiratete. Sie hatte eine außergewöhnlich weiße Haut mit einem grünlichen Schimmer und sah aus, als ob sie Renoir Modell gestanden haben könnte.

Im ersten Jahr machte ich eine Stipendienausschreibung im Fach Illustration mit und reichte Arbeiten zu Emily Brontës *Sturmhöhe* ein. Das Stipendium bekam ich nicht, aber als ich am nächsten Tag den Flur entlangging, sprach mich Henry Moore, der Leiter des Bereiches Bildhauerei, an und erzählte

Henry Moore porträtiert die Frau in der Armee
(Unsere Künstler als Kriegsberichterstatter)

mir, er und Graham Sutherland hätten für mich als besten Kandidaten gestimmt, er hätte nie solch gute Illustrationen zu *Sturmhöhe* gesehen, und ich sollte mich nicht entmutigen lassen. Die Ermunterung von einem Künstler, den ich schon lange verehrte, war mir mehr wert als jeder Preis. In meiner Euphorie meldete ich mich für den Abendkurs in Bildhauerei an, der jedoch von einem anderen Bildhauer gelehrt wurde, und bekam ein Gipsohr, das ich modellieren sollte, so dauerte meine Karriere als Bildhauer nur einen Tag.

Henry Moore war damals recht jung, er wirkte klein, gedrungen und muskulös. Obwohl er dank der Wertschätzung seiner Arbeiten durch den Kritiker Herbert Read bereits berühmt war, machte er einen bescheidenen und anspruchslosen Eindruck. 1939 hatten wir unsere letzte Semesterabschlußfeier vor dem Krieg, auf der sich Lehrer und Schüler zum allgemeinen Vergnügen auf einer kleinen Bühne produzierten. Henry Moore und sein Assistent Hugh Finney überraschten uns mit einer Balletteinlage. Beide trugen pink-

Graham Sutherland betrachtet den Zweiten Frontabschnitt
(Unsere Künstler als Kriegsberichterstatter)

farbene Strumpfhosen und hatten sich winzige Rosetten gleicher Farbe als Brustwarzen angeklebt, die sie am Ende ihres Auftritts abrissen und unter die Zuschauer warfen. Henry Moore beeindruckte uns besonders mit einem doppelten Salto.

Als der Krieg begann, wurde Moore offiziell zum War Artist berufen und gab seine Lehrtätigkeit auf.

Trotz der Beschwichtigungspolitik der britischen Regierung den Nazis gegenüber war jedermann klar, daß ein Krieg unvermeidlich war. Von den Kriegen in Spanien und Abessinien hatte es schreckliche Berichte gegeben, Bilder von Bombardierungen und vom Elend der Flüchtlinge, und die militärischen Konflikte breiteten sich über Europa und den Fernen Osten aus. Chamberlains Regierung war in ihrem Widerstand Hitler und den Nazis gegenüber unentschlossen. Das Münchner Abkommen von 1938 zwischen England, Frankreich und Deutschland hatte den Nazis den Einmarsch in die Tschechoslowakei und die Einverleibung dieses Landes

Feliks Topolski schildert den Angriff der Russen
(Unsere Künstler als Kriegsberichterstatter)

in das Deutsche Reich ermöglicht. Ich erinnere mich an die kleine tschechische Kunststudentin, meine Freundin Annuska, die in jenen Tagen in Tränen aufgelöst war und mit uns nicht reden wollte, weil sie dachte, uns ließe das Schicksal ihres Landes gleichgültig. In Spanien war vorauszusehen, daß der Bürgerkrieg mit einem Sieg des Faschisten Franco zu Ende gehen würde. Ähnlich wie Madame de Troudon gab es in den Regierungen Frankreichs und Englands jene, die die Sowjetunion als den wahren Feind ansahen. Sie waren gewillt, so lange keine Entscheidungen zu treffen, bis Hitler den Osten angreifen würde, um ihn dann zu unterstützen, zumindest aber der gegenseitigen Vernichtung beider Länder tatenlos zuzusehen. Das Lavieren der Regierung führte zum Erstarken einer breiten linken Opposition, es gab mächtige Demonstrationen, die zur Unterstützung der spanischen Regierung aufriefen und eine vereinigte antifaschistische Widerstandsfront forderten.

Eines Tages fand ich im Gemeinschaftsraum ein Flugblatt

Stanley Spencer malt Stalin
(Unsere Künstler als Kriegsberichterstatter)

mit dem Aufruf zu einer antifaschistischen Maidemonstration. Die Losung war ein Zitat der Nazis: »Wenn ich das Wort Kultur höre, greife ich zur Pistole!« Aus Sympathie und Neugier ging ich mit. Von der Kunstschule waren auch einige Lehrer dabei, einschließlich Henry Moore. Glücklich lief ich hinter ihm, als wir »Arms for Spain! Down the drain with Chamberlain!« – »Waffen für Spanien! Zum Teufel mit Chamberlain!« anstimmten.

4

Die kommunistischen Studenten hatten meine Anwesenheit registriert und begannen mich danach als mögliches neues Mitglied zu werben. Einer der aktivsten unter ihnen war Patrick Carpenter. Er war mir seines seltsamen Aussehens wegen bereits früher aufgefallen. Lang und dünn, mit einer enormen Stirn, schwarzem, straff nach hinten gekämmtem Haar, wie man es damals trug, grünen, hinter Brillengläsern funkelnden Augen und einer nachlässigen Haltung, war er keine Schönheit. Er hatte einen breiten Mund, schiefe Zähne und eine kratzige Cockney-Stimme, war aber sehr selbstsicher und hatte einen eigenen Malstil entwickelt, der sich nicht an der von Graham Sutherland im Unterricht vermittelten Richtung orientierte. Zu jener Zeit wandte sich die englische Malerei wieder dem Romantizismus des frühen 19. Jahrhunderts in der Tradition von Blake und Samuel Palmer zu. Carpenter malte im surrealistischen Stil düstere, großflächige Szenen mit verwahrlosten Gebäuden, die mit bunten Fähnchen behängt waren. Seine Bilder spiegelten eine traumähnliche Vision des sozialen Verfalls wider. Mit sechzehn hatte er bereits an der großen Londoner Surrealismus-Ausstellung teilgenommen und war mächtig stolz darauf, daß sein Bild auf der Titelseite der *Radio Times* abgebildet worden war.

Patrick Carpenter als Soldat im Zweiten Weltkrieg

Ich besuchte ihn bei seinen Eltern, die im westlichen Randgebiet von Chelsea wohnten, sehr treffend hieß der Ort World's End. Es war ein typisches Arbeiter-Reihenhaus mit zwei Räumen oben, zwei unten und einem kleinen Hof hintendran, auf dem sein Vater eine Menge Blumen zog. Er war groß, ruhig und freundlich, von Beruf Busfahrer, wenn ich mich richtig erinnere. Seine Mutter war ein fröhlicher, kraushaariger Cockney. Sie arbeitete als Haushälterin bei einem reichen alten Herrn und zapfte für ihr einziges Kind seine Whiskyflasche an. In Carpenters winzigem zellenähnlichen Raum im ersten Stock nahmen neben dem schmalen Bett seine Staffelei und die an die Wand gelehnten großen Bilder den meisten Platz ein. Mit seinem düsteren, vom Schicksal getriebenen Wesen schien er keinem seiner Eltern zu ähneln, seine Erklärungen hatten jedoch etwas Theatralisches, wenn er beispielsweise mit sardonischer Freude verkündete: »Wir sind die Waisenkinder der sozialen Sturmgewalten!« Diese dramatische Ader legt nahe, daß er die Lebensfreude seiner Mutter teilte.

Es war eine Zeit verschärfter politischer Konfrontation zwischen links und rechts. O'Caseys damals aufgeführtes Stück *Der Stern wird rot* war ganz im Sinne derjenigen, die auf die kommunistische Bewegung setzten. Beim Lesen des Kommunistischen Manifests schien es mir, daß all die schwierigen und bedrückenden Fragen sozialer Gerechtigkeit, die die Ereignisse in Belfast aufgeworfen hatten, für mich hinreichend erklärt waren und mit der marxistischen Theorie vom Klassenkampf eine mögliche Lösung der Probleme gegeben wurde.

»Aber ich mag diesen ganzen Haß nicht«, sagte ich.

»Du mußt lernen zu hassen«, erwiderte Carpenter in seiner unerbittlichen Art. Er teilte den Genossen mit, daß ich der Hogarth Group, der Künstlergruppierung der kommunistischen Partei, beitreten wollte, die nach dem realistischen Maler des 18. Jahrhunderts, William Hogarth, benannt war. Der Sekretär kam vorbei und gab mir ohne große Formalitäten eine Mitgliedskarte. Kurz danach verließ er die Hogarth Group und schloß sich einer unbedeutenden Bewegung an, die sich Greenbanks nannte.

5

Als im September 1939 der Krieg ausbrach, wurde die Kunstschule geschlossen, da massive Luftangriffe auf London erwartet wurden. Wir Studenten waren gerade in den Ferien, doch ein wenig später, als alles ruhig blieb und die Gefahr für England vorüber schien, wurde die Schule mit einer verringerten Anzahl von Lehrkräften und Studenten wieder eröffnet. Ich hatte in Chelsea einen Ausbildungskurs als freiwillige Krankenschwester begonnen, machte aber dann mit meinem Kunststudium weiter, bis im Herbst 1940 mit der Bombardierung von London Hitlers »Blitzkrieg« einsetzte.

Die Ferien, die ich in Bedford verbrachte, waren noch nicht vorbei. Ich war gerade für einen Tag in London und ging mit Carpenter im Hyde Park spazieren. Plötzlich war der Himmel voller Flugzeuge. Die Flakgeschütze im Park begannen zu feuern, und wir erschraken. Ein Mann auf einem Fahrrad starrte wie wir alle nach oben, stürzte und lag stöhnend am Boden, unfähig aufzustehen. Da er sich ernstlich verletzt haben mußte, war Carpenter damit beschäftigt, für den Armen einen Krankenwagen herbeizuholen, was uns von dem Ereignis ablenkte, bis uns ein Luftschutzwart schnell in einen Bunker drängte. Als ich am Abend den Zug zurück nach Bedford nahm, ließ ich ein Flammenmeer hinter mir zurück, und eine brennende Zuckerfabrik, die noch Kilometer entfernt zu sehen war, erhellte den Himmel.

Ich erfuhr, daß die Kunstschule bis auf weiteres nicht wieder eröffnet werden würde. Da ich nicht wußte, was ich in der Zwischenzeit machen sollte, fuhr ich mit einigen anderen Studenten, die in der gleichen Lage waren, zur Obsternte nach Cambridgeshire. Wir schliefen zusammen in einer Scheune und gingen an jenen wunderbar ruhigen Septembermorgen auf die Plantage. Freitags erhielten wir eine bescheidene Lohntüte – mein erster Verdienst! Dann schrieb Carpenter und machte den Vorschlag, wir sollten uns in London zusammen eine Wohnung nehmen. Er hätte einen Job als Karikaturist beim kommunistischen *Daily Worker* und könnte für uns aufkommen.

In der modischen Park Lane hätte man damals fast für umsonst wohnen können, da die reichen Leute sich aufs Land abgesetzt hatten. Wir nahmen eine Wohnung in Richmond, weil wir dachten, wir würden dort außerhalb der Luftangriffe liegen. Es war ein ehemaliges, zu einer Luxuswohnung umgebautes Stallgebäude. Für mich war es schwierig, von Bedford aus nach Richmond zu gelangen, da die Hauptbahnhöfe Londons bombardiert worden und außer Betrieb waren. Ich mußte mit verschiedenen Buslinien die Stadt umständlich umfahren. In Ealing traf ich Carpenter, wo wir die erste Nacht bei einem Freund verbrachten. Wir schliefen alle drei unter einem Stahltisch, der jedem auf Wunsch als Schutz vor Luftangriffen zur Verfügung gestellt wurde.

Von Richmond aus fuhr Carpenter jeden Tag mit der Bahn zum Büro des *Daily Worker* und zeichnete für mich ein kleines E in die Ecke seiner Karikaturen. Ich spielte Hausfrau und wartete auf seine Heimkehr am Abend. Wir hatten angenommen, Richmond wäre ein ruhiger Ort, aber jeden Abend schoß die Flak, Schrapnelle regneten herunter, und unsere kleine Wohnung schien auf Pfählen gebaut zu sein, so bebte und schwankte sie. Umschlungen im Bett liegend, bebten wir mit. Ehe Carpenter abends nach Hause kam, fing die Flak an zu feuern, und mich beunruhigte der Gedanke, daß er vom Bahnhof zu Fuß durch den Luftangriff mußte, und etwas verängstigt saß ich allein unter dem Küchentisch, bis er da war. Dann gingen wir manchmal hinaus und tanzten auf der leeren, vom Mond beschienenen Straße miteinander, weil wir so furchtbar romantisch waren, und forderten das Schicksal heraus, wie wir dachten.

Das dauerte ungefähr sechs Wochen. Dann kam eines Tages ein Telegramm, und Carpenter wurde zur Armee einberufen und sollte sich am nächsten Tag um zwei Uhr morgens am

Bahnhof Liverpool Street melden. Truppentransporte gingen nur nachts ab. Das Telegramm war verspätet eingetroffen, da es erst zur Wohnung seiner Eltern nach World's End geschickt worden war. Noch am selben Tag fuhren wir dorthin, um ein paar Sachen zu holen, und ich nahm den Stahlhelm seines Vaters mit. Die Eltern waren nicht zu Hause, sie schliefen wegen der Luftangriffe irgendwo anders. Wir fuhren mit der letzten U-Bahn zur Liverpool Street und standen auf dem verdunkelten Bahnhof zwischen schattenhaften Gestalten, die einander umarmten und auf die Abfahrt warteten. Dann verschwand der Zug langsam in der Finsternis, und Carpenter war weg. Ich verließ die Station, setzte den Stahlhelm auf und machte mich zu Fuß auf den Weg nach Hause. Ich hatte nichts gegen einen langen Spaziergang. Damals wie heute laufe ich gern durch mein geliebtes London. Der Mond schien hell, und eigentlich konnte man einen Luftangriff erwarten, aber ich dachte mir, ich würde, wenn nötig, schon irgendwo in Deckung gehen.

Wenn ich heute durch die City Londons gehe mit dem lauten, dichten Verkehr, den hektisch hin und her eilenden Leuten, wenn ich Gleichgültigkeit und Streß spüre, kann ich kaum glauben, daß diese Nacht im Jahre 1940 Wirklichkeit war. Die Straße vor dem Bahnhof wie auch alle anderen Straßen waren ohne jeden Verkehr. Es war ganz still. Die wuchtigen Bankgebäude warfen große dunkle Schatten. Ich ging in der Mitte der Straße, und das Echo meiner Schritte war das einzige, was ich hörte. Ich kam an St. Paul's Cathedral vorbei. Niemand war zu sehen, nicht mal eine Katze. Auch in Ludgate Hill und in Fleet Street herrschten Totenstille und gähnende Leere. Ich schien der einzige Mensch in London zu sein. Diese Einsamkeit erregte mich, als ob ich der alleinige Überlebende irgendeiner Katastrophe wäre. Es war die traumähnliche Leere des Surrealismus: Carpenters ominöse Bilder waren Wirklichkeit geworden. Als ich nach Aldwych kam und den Strand entlanglief, ging die Sonne auf, der Himmel färbte sich blaßblau, und die Häuser waren in zartes Rosa und gelbes Licht getaucht. Ich erreichte Trafalgar Square und stieß auf den ersten Menschen, einen Luftschutzwart, der mitten auf der Straße stand und mich anstarrte, wie ich mit meinen unter dem Stahlhelm hervorquellenden langen Haaren näher kam. »Wo kommen Sie denn her?« fragte er und blickte mich an, als ob er einen Geist vor sich hätte – ich war in die Welt der Menschen zurückgekehrt.

Ich ging durch Green Park, Hyde Park und durch Kensington Gardens weiter bis nach Chelsea, wo ich den Stahlhelm in World's End ließ und mit dem Zug zurück nach Richmond fuhr. Dort angekommen, legte ich meinen Kopf auf Carpenters Lederjacke und weinte mich ein wenig aus. Ich wollte nicht allein in unserer schwankenden Wohnung schlafen, deshalb ging ich zu dem Keller eines leeren Hauses auf der Rückseite, wo die Wirtin Matratzen für uns ausgebreitet hatte. Als sie mich dort jedoch in der nächsten Nacht allein fand, bestand sie darauf, daß ich die Nächte in ihrem Keller verbrachte. Von den Leuten, die sich dort versammelt hatten, summte einer ständig und gab vor, ein Orchester zu dirigieren. Einige Tage später wurde Richmond mit Brandbomben angegriffen. Wir rannten mit Eimern voll Wasser herum. Als ich vor der Tür stand, fiel eine kleine Bombe auf das Haus gegenüber, und die Druckwelle zerriß mein Trommelfell. Durch den aufgewirbelten Staub holte ich mir eine eitrige Entzündung, und der behandelnde Arzt riet mir, London zu verlassen, falls ich ins Krankenhaus müßte. Die Londoner Krankenhäuser wurden für Verwundete frei gehalten und waren selbst Ziele der Luftangriffe. Es hatte ohnehin keinen Sinn mehr, in London zu bleiben, so packte ich meine Koffer und kehrte nach Bedford zurück.

Einige Male besuchte ich Carpenter an der Südküste, wo er stationiert war und wo eine deutsche Invasion erwartet wurde. Ramsgate und Dover waren fast vollständig evakuiert worden, und Zivilisten, die in dieses Gebiet kamen, mußten

This is the tale of the Munich men
Who cheated the people again and again
"No aid to China" they said "The Japs
Are really very considerate chaps"
"Apply sanctions against our friend Italy?
Oh no – we resent that most bitterly"
"Send arms to the people of Spain?
Too dangerous by far" they complain
"Hitler's a hero" they said
"He'll save Europe – a fine anti-Red"
But up rose the Russians with guns in their handses
Delivered to Hitler a kick in the panzers
So come along boys give Russia our backing
Finish with Munich and let's get cracking
Soldiers and workers let's all unite
Hit out at Hitler with all Britain's might
Back the offensive with higher production
More coal, ships and weapons mean Hitler's destruction

Plakat, 1942

Kontrollen passieren. Auf den Straßen wuchs Gras, die Häuser standen leer oder waren vom Militär besetzt. Die Städte wurden von der französischen Küste aus beschossen. Die Militärpolizei war Mädchen, die ihre Soldaten besuchen wollten, freundlich gesonnen und ließ mich durch. Einmal standen wir in einer Gruppe von Menschen und schauten zu, wie ein abgeschossenes deutsches Flugzeug ins Meer sank. Der Pilot oben auf dem Wrack winkte verzweifelt, doch niemand kam ihm zu Hilfe. Haß regierte.

Ich lernte die netten jungen Männer kennen, mit denen Carpenter in der Armee befreundet war. Jimmy starb in El Alamein, Robert in Monte Cassino. Carpenter machte in Montgomerys 8. Armee den langen Marsch durch Nordafrika und Italien mit, bei Kriegsende war er in Wien und schrieb mir über die wunderbaren Gemälde von Breughel dort. Er schrieb mir die ganzen sechs Jahre über, die er Soldat war, obwohl er wußte, daß unser Verhältnis nicht mehr so war wie früher. Als er zurückkam, begann er wieder zu malen und wurde Lehrer an einer Londoner Kunstschule. Aber die Bilder, die ich sah, hatten ihren klaren visionären Gehalt verloren. Sein romantisches Wesen war durch den Krieg erschüttert worden. Nach dem Ungarn-Aufstand 1956 trat er aus der kommunistischen Partei aus.

Wir schrieben uns nach dem Krieg noch und trafen uns ab und an, wenn ich in England war. Er heiratete ein Mädchen aus Polen. Mit der Zeit wurden die Kontakte immer weniger, und kürzlich erzählte mir ein Besucher, Carpenter wäre vor zwei Jahren gestorben. Die näheren Umstände kenne ich nicht. Er ist nicht sehr alt geworden. Die Nachricht erschütterte mich, und ich spürte plötzlich eine große Einsamkeit und Stille um mich her, wie damals, als wir getrennt wurden und ich durch die ausgestorbene Stadt zurückging, an seine frühen Vorahnungen und an seine visionären Bilder denkend. Ein Bild, das er mir zum 19. Geburtstag malte, besitze ich noch. Es zeigt eine düstere, trostlose Landschaft, von verwitterten Plakatwänden aus Holz hängen Papierfetzen herab. Auf der rechten Seite rennen drei kleine Figuren in eine triste Einöde hinein, im Vordergrund flüstern zwei kleine Jungen miteinander. In der Mitte des Bildes ist ein verfallenes Haus zu sehen, vor dem Carpenter und ich unschlüssig stehen. Mit leicht erhobenem Arm deutet er auf etwas hin. Wie um ihn zurückzuhalten, fasse ich seinen Arm. Hinter Häusern, auf die Dunkelheit fällt, erhebt sich ein heller Abendhimmel.

Der Besitz dieses Bildes läßt mich seine Gegenwart immer spüren und erinnert mich an unser kurzes, unschuldiges und glückliches Zusammensein.

6

Als ich nach Bedford zurückkehrte, war ich unschlüssig, was ich als nächstes tun sollte. Ich rechnete damit, zum Wehrdienst eingezogen zu werden. Dann erfuhr ich, daß die noch existierenden Londoner Kunstschulen zu einer Einrichtung zusammengefaßt und mit einer verringerten Anzahl von Lehrern in Northampton, einer Stadt in den Midlands, wieder eröffnet werden sollten, entschied mich dafür, weiter zu studieren, und fuhr dorthin, um mich nach einer Unterkunft umzusehen. Die Schule hatte eine Liste mit Adressen, und mir wurde ein möbliertes Zimmer in einem kleinen Reihenhaus aus rotem Backstein zugewiesen, in dem eine alteingesessene Familie lebte, der man die Unterernährung über Generationen hinweg an ihrem zwergenhaften Wuchs ansah. Sie waren begeisterte Anhänger der Independent Labour Party und nahmen mich freundlich auf.

Die Kunstschule war im Polytechnikum der Stadt untergebracht. Die eingeschriebenen Studenten warteten entweder auf ihre Einberufung oder waren anerkannte Pazifisten. Die ganze Familie des Architekten Clough Williams-Ellis hatte sich in Northampton niedergelassen, ebenso die Musiker

Malcolm Arnold und Richard Adeney, dessen Schwester Charlotte Malerei studierte. Zusammenkünfte wurden organisiert, aber irgendwie paßte die Boheme-Atmosphäre von Soho nicht zu dieser alten Industriestadt. Häufig fuhr ich an den Wochenenden mit dem Fahrrad nach Bedford durch das flache Land mit seinen hübschen, aus grauem Stein gebauten Dörfern.

Eines Nachts träumte ich von den Luftangriffen auf London und glaubte, die ganze Zeit die dumpfen Detonationen der Bomben zu hören. Am Morgen erfuhr ich, daß Coventry, nur dreißig Kilometer entfernt, dem Erdboden gleichgemacht worden war.

Northampton schien mir abseits vom Strom der Zeit, und nach Weihnachten beschloß ich, zurück nach London zu gehen und mir einen Job zu suchen. In der Fellows Road in Hampstead mietete ich ein unmöbliertes Zimmer und richtete es mit einem Bett und drei Holzkisten ein, wovon ich eine zum Sitzen, eine als Tisch und die dritte zum Unterbringen meiner Sachen benutzte. Ich fand einen Job in einer kleinen Spielzeugfabrik in Willesden, wo bereits eine Freundin von mir beschäftigt war, und malte Puppengesichter. Ich arbeitete nur vier Tage in der Woche und bekam zwei Pfund dafür. Das reichte zum Leben, und mir blieb noch Zeit zum Zeichnen. Die Fabrik war eine reine Tretmühle. Auf einem Tablett wurden uns Puppenköpfe gebracht, auf die wir Mund, Augen und zwei Punkte als Nasenlöcher malen sollten. Wenn ich versuchte, den Gesichtsausdruck ein wenig zu variieren, mit einem leichten Lächeln auf den Lippen beispielsweise, kam der Kopf zurück. Als die Köpfe zu Ende gingen, stopften wir Teddybären aus. Eine der Frauen machte die Arbeit bereits seit zehn Jahren, eine unglaublich lange Zeit für diese eintönige Schufterei in solch einem trostlosen und schmutzigen Gebäude. Als ich sie fragte, weshalb sie damit nicht aufhöre, erwiderte sie, sie hätte immer Angst gehabt, keinen anderen Job mehr zu finden.

Nach sechs Wochen hatte ich genug und wechselte nach Camden Town, wo ich damals wohnte. Die Firma, die sich Cinema Signs nannte und Plakate für das wöchentliche Kinoprogramm herstellte, war gleich um die Ecke, und ich verdiente dort zehn Schilling mehr. Gewöhnlich sprang ich im letzten Moment aus dem Bett, ging zur Fabrik und betätigte die Stechuhr. Dann ging ich wieder weg und frühstückte in einem kleinen Arbeitercafé, bis dem Firmenchef meine Abwesenheit auffiel und er mich höflich aufforderte, auf dem Gelände zu bleiben. Wir hatten zwei Pausen, eine am Morgen, in der wir unseren Tee im Sitzen trinken durften, die andere am Nachmittag, in der wir stehen bleiben mußten. Der Chef kam dann immer überraschend und in der Hoffnung herein, einen von uns sitzend zu erwischen. Außerdem gab es eine halbe Stunde Mittagspause, in der wir alle zusammen in ein billiges Restaurant gingen. Julius, unser Vorarbeiter, brachte mir die Kunst der Schriftmalerei bei, und als ich mit einem einzigen Pinselschwung ein perfektes O zeichnen konnte, durfte ich richtig mit der Arbeit anfangen. Neben Julius gab es einen gut aussehenden, aber pickligen sechzehnjährigen Jungen, einige Taubstumme und einen Anarchisten, der bei den internationalen Brigaden in Spanien gewesen war und dessen Namen ich vergessen habe. Er zeigte mir Flugblätter und Handzettel, auf denen ehemalige Mitglieder der sowjetischen Führung abgebildet waren, die von Stalin umgebracht worden sein sollten. Ich wies diese Anschuldigungen empört zurück. Ich konnte sein verkniffenes Gesicht nicht leiden, und überhaupt stößt das, was man nicht hören will, auf taube Ohren.

Damals wohnte ich in einem der Camden-Ateliers, das ich von einem Künstler übernommen hatte, der eingezogen worden war. Es gab sechs Ateliers, die einander gegenüberlagen, mit einem kleinen, mit Büschen bewachsenen Garten dazwischen. Mir gegenüber lebte Cliff Rowe, ein kommunistischer Künstler und einer der Mitbegründer der Internationalen

Drei Zeichnungen mit Gedichten – »There was an apple …«, Camden studios, 1942

There was an apple on a tree,
Eliza-beth said "that's for me";
And silently sat down to wait,
Regardless of her future fate;
Some day she knew that trees must fall,
With apples on the ground for all,
She sat there with a dreamy eye,
and waited for the tree to die.

There was an apple on a tree
Rowe got out of bed to see.
"Food at last," he got an axe,
And chopped the tree down with
two whacks,
He baked the apple (arthur did)
And ate it off a saucepan lid.

Künstlervereinigung der dreißiger Jahre. Er war lange ein lieber guter Freund, ehrlich, unbestechlich, mit Humor und Wärme. Im Grunde war er ein Einzelgänger, aber mit Frauen hatte er viele Affären. Als ich ihn das erste Mal besuchte, lebte er mit der Schriftstellerin Edith Simon zusammen, dann verliebte er sich in ein junges blondes Mädchen mit dem Namen Doris, die in Carreras Tabakfabrik in Mornington Crescent arbeitete. Neben mir wohnte der ungarische Bildhauer Peter (Lazlo) Peri, der erst aus Ungarn und dann aus Berlin flüchten mußte. Er gehörte der europäischen Avantgarde der zwanziger Jahre an und war ein Mitarbeiter von Herwart Waldens *Der Sturm*. Er arbeitete mit farbigem Beton, und während ich dort wohnte, entstand ein großer Stalinkopf, mit einem schwarz gemalten Schnurrbart. Der Kopf war sehr schwer, und wir halfen alle dabei, ihn zu einem Laster zu tragen, da Peri ihn bei einer Ausstellungsjury einreichen wollte. Wir schleppten ihn auch wieder zurück, als er abgelehnt worden war. Damals hatten wir von der konstruktivistischen Bewegung keine Ahnung und hielten Peris leidenschaftliche Reden in fürchterlichem Englisch für reine Unterhaltung. Er überging unsere Beschränktheit und unsere Unwissenheit. Später fand er in dem Kunstkritiker John Berger einen Förderer, und mein Freund John Hewitt kaufte als Direktor der Galerie in Coventry einige seiner Arbeiten an. In den späten fünfziger Jahren sah ich Peri auf einer Ausstellung in London, glaube ich, zum letzten Mal. Er kam mir mit ausgebreiteten Armen und Tränen in den Augen entgegen, um mir zu sagen, daß seine Frau ihn verlassen hatte. Wir fuhren mit dem Bus nach Hampstead, und dieser Mitteleuropäer riet mir, in England zu bleiben und nicht nach Deutschland zurückzugehen. Als ich ihm sagte, ich würde dort gebraucht, antwortete er mit einer geringschätzigen Handbewegung: »Die Deutschen brauchen einen immer!«

Kürzlich sah ich in Westberlin ein Spruchband, auf dem eine Ausstellung von Lazlo Peris Arbeiten in der Kunsthalle angekündigt wurde. Er hätte sich darüber gefreut.

7

In den dreißiger und vierziger Jahren hatten die faschistischen Bewegungen, die in Deutschland und in Italien an der Macht waren, in allen anderen Ländern Europas, einschließlich England, Frankreich und Spanien, ihre Entsprechungen. Die Konfrontation zwischen links und rechts erreichte beim

Ausbruch des Spanienkrieges einen Höhepunkt. Wir jungen Leute fühlten uns verpflichtet, Stellung zu beziehen, schließlich waren wir diejenigen, die aufgefordert worden wären, in den Krieg zu ziehen, und es schien, als ob eine entschlossene Front gegen den Faschismus seine Ausbreitung verhindern könnte. Die Internationalen Brigaden wurden gebildet, um der spanischen Regierung gegen die Angriffe Francos und seiner Nazihelfer beizustehen. Viele Freiwillige aus zahlreichen Ländern gaben dafür ihr Leben.

Ich vergaß den verträumten irischen Nationalismus und wurde von den Idealen und Hoffnungen einer Generation inspiriert, die eine internationale Ordnung ohne Krieg und soziale Ungerechtigkeit anstrebte. Wir glaubten leidenschaftlich daran, daß das in der Sowjetunion stattfindende Experiment einer neuen Gesellschaftsordnung die Hoffnung für die Welt darstellte.

Als schließlich 1939 der Krieg ausbrach, gab die Komintern (das Komitee, das Weisungen für die kommunistischen Parteien der einzelnen Länder herausgab) in Moskau bekannt, daß der wankelmütigen Haltung der englischen und französischen Regierung wegen dieser Krieg kein wahrer Krieg gegen den Faschismus wäre. Alle Menschen, einschließlich die Deutschen, wurden von Moskau dazu aufgerufen, ihre Regierungen zu stürzen und sich im Frieden zu vereinigen. In England wurde eine Organisation gegründet, die sich The People's Convention nannte, die aber im Laufe des Krieges, als der Moskauer Aufruf sich als absolut irreal erwiesen hatte, wieder einging. Der Kulturausschuß dieser Organisation brachte jedoch viele Leute unterschiedlicher politischer Schattierungen zusammen – Kommunisten, Pazifisten und Liberale. Lesungen, Diskussionen und Musikabende wurden veranstaltet. Die Jazz-Musiker Ben Frankel und Van Phillips spielten die neuesten Platten aus Amerika. Die Berührung mit unterschiedlichen Aspekten des kulturellen Lebens und den damit verbundenen Menschen war für uns eine Bereicherung.

Am Abend versammelten sich viele von uns im Kellerrestaurant von Lyon's Corner House in der Oxford Street, wo man während der Bombenangriffe die ganze Nacht sitzen konnte. Dort lernte ich Alexander Mackendrick kennen, einen Amerikaner schottischer Herkunft. Er arbeitete damals mit John Halas bei Batchelor Cartoon Films und erzählte mir ein bißchen über die Trickfilmherstellung. Er arrangierte in einem Kino eine Vorführung meiner Zeichnungen zu Prokofjews Musik *Peter und der Wolf*.

Mackendrick war groß, breitschultrig und gutaussehend. Er hatte dunkle, nachdenkliche Augen, was seinem ruhigen Wesen entsprach. Ich war sehr stolz, als wir zusammen ausgingen. Er redete ausführlich über seine komplizierten Beweggründe, trotz seines Engagements in der linken Bewegung nicht der kommunistischen Partei beizutreten. Ich hörte ihm nicht zu, da seine Erklärungen für mich zu verwickelt waren, sondern blickte ihn fortwährend an und bewunderte seine Klugheit und sein Aussehen. Als ich ihn kennenlernte, lebte er von seiner Frau getrennt, und ich besuchte ihn in seiner Wohnung am Soho Square.

»Ich bin sehr ausgekocht«, sagte ich zu ihm, als ich mich auf seinem Sofa elegant drapierte. – Ich hatte in meiner Schulzeit zu viele Filme gesehen. –

»Ich glaube, du bist das ganze Gegenteil«, erwiderte er in seiner sanften Art.

Nach dem Krieg wechselte Mackendrick zum Spielfilm, was er mir bereits angekündigt hatte. Er drehte einige bekannte Filme wie *Mandy, Ladykillers* und *The Sweet Smell of Success*. Dann wurde er Dekan des Bereiches Film am kalifornischen Institut der Künste. Nach dem Filmführer zu urteilen, war er ein subtiler, eigenständiger Regisseur, dessen Hauptthema der Aufeinanderprall von Unschuld und Erfahrung war.

Es gab damals viele Leute in England, die wegen des Krieges das Land nicht verlassen konnten. Ich freundete mich mit einigen Indern an. Meine Schwester Matilda hatte ein Stipendium für Oxford bekommen und teilte im St. Hugh's College ein Zimmer mit einem hübschen indischen Mädchen mit langen schwarzen flatternden Haaren namens Parvati Kumaramangalam. Sie trug Saris, indische Kleider, und zeigte uns, wie kompliziert diese gewickelt und nur mit einer einzigen Sicherheitsnadel befestigt wurden. Wenn ich Oxford an den Wochenenden gelegentlich besuchte, aßen wir klebrige Süßigkeiten, die Parvati direkt aus Indien bekam, und fuhren mit einem Stechkahn den Fluß hinunter. Verglichen mit dem vom Krieg gezeichneten London, schien Oxford mit seinen grauen Türmen und Blumenwiesen traumhaft still und friedlich zu sein. Nach dem Krieg ging Parvati nach Hause zurück und heiratete den Sekretär der kommunistischen Partei Indiens. Jahre später traf ich sie in Berlin wieder, als sie sich mit ihrem Mann zusammen in einem Kurort in der DDR aufhielt. Sie sah immer noch schön aus, wirkte jedoch sehr ernst und streng, ganz im Gegensatz zu der fröhlichen jungen Studentin, die ich damals kannte.

In London war ich mit einigen indischen Schriftstellern bekannt, so mit dem Romancier Mulk Raj Anand, den Lyrikern Tambimuttu und Subramanium und dem damaligen Journalisten Iquebal Singh. Ich mochte diese sensiblen und schönen Menschen, begann mich für das Schicksal Indiens zu interessieren, das zu jener Zeit noch zur Britischen Krone gehörte, und fertigte einige Zeichnungen zum Thema des nationalen Befreiungskampfes an. Nach dem Krieg verlor ich meine indischen Freunde aus den Augen, aber in den fünfziger Jahren traf ich ganz unerwartet Anand in Warschau und dann noch einmal zu einem Schriftstellerkongreß in Berlin.

Iquebal Singh kam als Journalist kurz nach Kriegsende nach Berlin, als wir bereits nach Deutschland übergesiedelt waren. Ich glaube, wir wohnten damals noch in Charlottenburg im britischen Sektor und waren mit dem *Daily Express*-Korrespondenten Wilfred Burchett befreundet. Ich weiß noch, daß wir in seinem Hotel saßen und mit seinem Vater, dem australischen Zeitungsmann Peter Burchett, redeten, als Iquebal lächelnd die Treppen hinunterkam und mich an die alten Zeiten in Hampstead erinnerte. Gemeinsam sahen wir uns Hitlers Bunker nahe den Ruinen des Reichstages an. Wir stiegen die Treppen hinunter in feuchte, tropfnasse Gänge und Räume aus Beton, in denen sich Hitlers makabres Ende zugetragen hatte. Nicht lange danach wurde der Bunker mit Erde aufgefüllt, der ehemalige Eingang unkenntlich gemacht.

Einige Jahre später sah ich Iquebal nochmals wieder, als wir in einem Ferienheim der Gewerkschaft im Thüringer Wald Urlaub machten. Er hatte schlechte Laune, da er bereits seit zwei Wochen in der DDR journalistisch unterwegs war und den ganzen Tag nur von Rühreiern leben mußte; wie viele Inder war er Vegetarier. Die DDR scheint sich um Vegetarier nicht zu sorgen. Meine alte Ausgabe von Balzers *Vegetarische Küche* verzeichnet für das Jahr 1916 allein in Berlin zwölf vegetarische Restaurants. Zur Zeit wüßte ich in diesem Land keine einzige diesbezügliche Gaststätte. Doch zurück nach London.

Während des Krieges herrschte Papierknappheit, aber es gab eine linke kulturelle Monatsschrift, die sich *Our Time* nannte. Das Büro befand sich in Covent Garden, und viele, die ich kannte, arbeiteten dort mit. *Our Time* wurde von Literaten wie Edgell Rickwood, dem ehemaligen Redakteur der *Left Review*, einer großformatigeren Vorläuferin von *Our Time*, ediert, die am Anfang des Krieges einging. Obwohl *Our Time* wesentlich bescheidener war, blieben viele *Left Review*-Mitarbeiter dabei. Edgell Rickwood war ein Lyriker der Erste-Weltkriegs-Generation und ein fähiger Redakteur, der seinen Mitarbeitern das Gefühl vermittelte, nach ihren eigenen Vorstellungen verfahren zu können, denen er sich dann anschloß. *Our Time* veröffentlichte Buchbesprechungen, Musik- und Theaterbeiträge und auch Zeichnungen sowie Artikel über Kunst, unter anderem von Randall Swingler,

Artists' Brains Trust

Montague Slater, Arthur Calder-Marshall und Francis Klingender, der Kunsthistoriker, der *Kunst und die industrielle Revolution* und zahlreiche Veröffentlichungen über die frühe englische Karikatur verfaßt hat.

Seit 1940 arbeitete ich auch für *Our Time*, lieferte Karikaturen, manchmal Porträts, manchmal Illustrationen, viel von dem, was ich immer gemacht habe. Die kommunistische Partei vermittelte Aufträge für Arbeiten, die sie für Agitation und Propaganda benötigte, wie Plakate, Flugblätter usw., an die Hogarth Group. Diese Jobs waren meist unbezahlt, gaben mir aber die Möglichkeit, Erfahrungen mit der Presse zu sammeln. Ich fertigte kleine Plakate in der Art von Majakowskis Rosta-Fenstern an, die für Wandzeitungen in Betrieben bestimmt waren und beispielsweise die Eröffnung der zweiten Front in Europa oder die Bekämpfung des Antisemitismus zum Thema hatten. Einmal nahm ich den Auftrag an, ein

großes Bild zu malen, das den Kampf auf Leben und Tod zwischen einem heroischen Russen und einem Nazi zeigen sollte. Das Bild war für Colletts Buchhandlung in der Charing Cross Road bestimmt, und freundlicherweise zahlten sie mir fünf Pfund dafür, aber genauso freundlich war es von ihnen, das Bild niemals aufzuhängen.

Anfang 1941, mit zwanzig Jahren, wurde ich zum Kriegsdienst einberufen. Ich hatte die Wahl, entweder zur Armee zu gehen oder in der Industrie zu arbeiten. Ich entschied mich für letzteres, da die Chancen, in London zu bleiben, größer waren, und wurde der Post als Mechanikerin zugewiesen. Zuerst wußte ich nicht, ob ich mich jemals an das laute Gebimmel im Fernamt und die fummlige Arbeit mit den verschiedenfarbigen Drähten gewöhnen würde. Es dauerte nicht lange, bis die anderen mein Talent entdeckten, mich »Rembrandt« nannten und als Schriftenmaler anstellten. Ich erhielt einen alten, ramponierten Farbkasten mit Pinsel und wurde im Fernamt in Willesden stationiert, von wo aus ich im Nordwest-Bezirk Londons herumfuhr. Ich sprang für zwei Männer ein, die zur Armee einberufen worden waren, bekam jedoch nur halb soviel Geld wie ein männlicher Angestellter. Die Beschäftigung war abwechslungsreich und interessant, da ich nicht an einen festen Arbeitsplatz gebunden war. Am Morgen gegen acht stempelte ich meinen Arbeitsbeginn im Fernamt von Willesden, und man sagte mir, was wo zu tun sei.

Als erstes frühstückte ich immer in irgendeinem kleinen Café in Gesellschaft der Küchenschaben, die ihren ersten Morgenbummel machten. Dann ging ich zu einem anderen Fernamt, zu einer Fabrik oder zu einem Luftwaffenstützpunkt, um Telefonnummern auf Schalttafeln zu malen oder »Zum Luftschutzkeller hier entlang«, je nachdem, was gewünscht wurde. Einmal mußte ich zu einem unterirdischen Bunker im Nordwesten Londons, der im Falle einer Invasion der Nazis für die Regierung vorgesehen war, und malte, wie angewiesen, eine Telefonnummer neben das Bett von Churchill.

8

Es muß Weihnachten 1942 gewesen sein, als ein Freund von mir, der Designer Antony Froschaug, mich fragte, ob ich Lust hätte, zu einer Party mitzukommen, die ein Künstler mit Namen Graetz in Hampstead geben würde. Wir gingen zur South Hill Park Gardens Nr. 1 und fanden eine lebhafte, bunte Mischung von Leuten vor, die auf dem Fußboden saßen, sich auf dem Bett ausgebreitet hatten und in verschiedenen Sprachen durcheinanderredeten. René Graetz ging von einem zum anderen und unterhielt sich mühelos auf französisch, deutsch und englisch. Antony schlief im Laufe des Abends auf einem Bett ein Stockwerk tiefer ein und weigerte

South Hill Park in Hampstead, London

sich, wieder aufzuwachen. René begleitete mich den Berg hinunter zur Haltestelle des 24er Busses. Er sagte, er würde sich gern mein Atelier ansehen, ob er es für die Arbeit an einem Ausstellungsentwurf nutzen könnte. Wir machten den nächsten Abend aus, später fiel mir jedoch ein, daß ich bereits mit Alex Mackendrick verabredet war, der mich abends abholen wollte. Als ich meinem Nachbarn Rowe davon erzählte, schlug er vor, mit ihm ins Kino zu gehen und beide Verabredungen zu vergessen. Wie gewöhnlich ließ ich die Tür zum Atelier offen. Als ich zurückkam, war der Flur mit Zigarettenkippen von Graetz übersät. Er und Mackendrick hatten sich getroffen, und wie René später erzählte, hatte Mackendrick als erster aufgegeben.

Eines Abends, als ich das Zimmer betrat, kam eine große Ratte unter dem Bett hervor und rannte über den Fußboden. Neben den Ateliers wohnte ein Präparator. Ich flüchtete zu

Rowe. Am nächsten Tag fand ich in der Charlotte Street in Soho ein Zimmer; während des Krieges war das kein Problem. Das Zimmer lag über einem kleinen italienischen Restaurant, und bald gewöhnte ich mich daran, wenn ich von der Arbeit kam, René Graetz dort zu sehen, der Spaghetti aß und mir durch das Fenster lächelnd zunickte. Zu meinem Geburtstag 1943 schenkte er mir einen üppigen Blumenstrauß und verkündete, er würde mich vor der Gosse erretten. Ich sollte sofort zu ihm nach Hampstead ziehen, und er begann meine Taschen zu packen. Seinem entschlossenen Charme konnte ich nicht widerstehen. Als ich die Koffer seiner ehemaligen Freundin auf dem Treppenabsatz sah, war ich ein wenig beunruhigt. Sie wird sie abholen, versicherte er mir leichthin.

9

Wenn ich an René denke, denke ich an sein lebhaftes Temperament, seinen Charme, seine Großmut – und vor allem an die vielen Konflikte, an denen er beteiligt war und die in ihm waren.

Die Vorgeschichte dazu begann in Genf, als der Druckermeister Gustav Emil Graetz die hübsche, weiche und lustige Elise Nebbia heiratete. Wie mir ihre Schwester, unsere Tante Esther, erzählte, stand die weißgekleidete Braut am Tag der Trauung in Tränen vor der Kirchentür. Sie war italienischer Herkunft und streng katholisch erzogen. Nach vielen Bitten hatte der Atheist Graetz zugestimmt, in der Kirche zu heiraten. Nun kam er an und sagte, er hätte es sich anders überlegt. Sie heirateten im Standesamt. Es wurde keine sehr friedvolle Ehe, wie man sich vorstellen kann.

Gustav Emil war deutscher Herkunft, kam aus polnisch-russischen Gebieten und emigrierte nach den Unruhen von 1905 in die Schweiz. Nach dem Ersten Weltkrieg fiel seine Heimatprovinz an Polen, und er bekam einen Nansen-Paß für

Staatenlose. Er war Sozialdemokrat, und in seiner Begeisterung für die Weimarer Republik nahm er die deutsche Staatsbürgerschaft an, obwohl er weiterhin in der Schweiz lebte.

Die Neuverheirateten fuhren bald nach Danzig zu Verwandten von Graetz. Danach hielten sie sich in Berlin auf. In Berlin-Schöneberg wurde ihr Sohn René geboren. Die Mutter nannte ihn René, weil sie den Namen hübsch fand, Gustav Karl wurden angehängt. Die Mutter starb 1918. René war damals zehn Jahre alt, und sein Wanderleben begann. Er wohnte mit dem Vater in kleinen Hotels, mal in Zürich, mal in Basel oder Paris, bis der Vater nochmals heiratete und in Genf ansässig wurde. Die Nebbia-Verwandten bemutterten das Kind, wann immer möglich, besonders Tante Esther, die ich in Genf kennenlernte, als sie neunzig Jahre alt war. Sie alle konnten Gustav Emil nicht leiden. »Er war ein eiskalter Mensch«, sagte mir Tante Esther.

Der Vater erzog den Jungen zum Sozialisten und schickte ihn in das progressive Jean-Jacques-Rousseau-Institut zur Schule. René wollte gern Kunst studieren, der Vater bestand aber darauf, daß er mit fünfzehn Jahren als Druckerlehrling bei ihm anfing, und gab ihm, als René schon neunzehn war, noch Ohrfeigen in der Werkstatt, wenn er Fehler machte. René besuchte später Abendkurse der Volksuniversität, machte das Abitur und zeichnete. Er fertigte für die Presse Porträtskizzen in den Versammlungen des Völkerbunds an.

Die Druckerlehre beim Vater muß gut gewesen sein, denn 1929 gewann René einen Wettbewerb und erhielt eine Anstellung als Drucker bei der *Cape Times* in Kapstadt, Südafrika. Er war erleichtert, vom Vater wegzukommen. In Kapstadt nahm er Englischstunden, und mit der fröhlichen, aufgeschlossenen Natur, die er von der Mutter geerbt hatte, fand er bald Freunde. Er verdiente gut und besuchte abends die Primavera-Kunstschule, die von dem Experten in afrikanischer Kunst Meyrowitz geleitet wurde. Hier begann er zu bildhauern.

René Graetz, 1946

René heiratete ein Mädchen englischer Abstammung, mit der er eine Tochter hatte. Sie kauften eine Villa am Meer. René genoß das herrliche Klima, bestieg den Tafelberg bei Kapstadt und unternahm mit Meyrowitz und seiner Frau Fahrten in das Land. Durch seine politische Haltung entfremdete er sich bald von seiner Frau und ihrer konservativen Familie. Er nahm an der Anti-Apartheid-Bewegung teil und an Demonstrationen gegen den Faschismus. Als er Flugblätter gegen die Nazis auf Schiffen der Hamburg-Afrika-Linie, die in Kapstadt anlegten, verteilte, löste das Proteste der deutschen Botschaft aus. René fühlte sich sowieso zu weit entfernt von den Kulturzentren Europas, und seiner schönen Freundin Hetta fiel es nicht schwer, ihn zu überzeugen, mit ihr dorthin zurückzugehen. Er hatte Geld gespart, und kurz entschlossen brach er mit seiner Frau und fuhr mit Hetta nach Genf, wo er sich erst einmal mit seinem Vater verkrachte, da dieser während Renés Abwesenheit dessen Bücher verkauft hatte. Über Paris fuhren sie dann nach London.

Elizabeth, 1955. Lithographie von René Graetz

Kurz nach seiner Ankunft in London brach der zweite Weltkrieg aus. 1940, nachdem die Nazis Frankreich unterworfen hatten, fürchteten die Engländer eine Invasion. Man sprach von der Gefahr einer »Fünften Kolonne«, und in den Zeitungen wurde die Forderung laut: »Intern the Lot!« Die Folge dieser Kampagne war, daß alle Deutschen, ob mit den Nazis sympathisierend oder von ihnen verfolgt, ohne Unterschied in einer Großaktion interniert wurden. René war auch darunter, da er auf Grund der Staatsbürgerschaft seines Vaters mit einem deutschen Paß reiste.

Er kam in ein Internierungslager in Kanada. Hier lernte er deutsche Flüchtlinge kennen, die ihn davon überzeugten, nach dem Krieg nach Deutschland zurückzugehen. Er fand auch die Möglichkeit, zu arbeiten, wenn auch nicht zu bildhauern, so doch zu malen. Farben und Pinsel, die eine Freundin aus New York schickte, bekam er über einen kulturfreundlichen kanadischen Offizier. Wie viele linke Künstler dieser Zeit war René stark von Picasso beeinflußt, denn mit seinem Bild *Guernica* hatte dieser sich als erster der großen Pariser Schule mit der Politik des Tages befaßt. René fing an, seine epischen Bilder in Kreide zu malen, Zentaurenkämpfe, die die Brutalität und die Leiden des Krieges ausdrückten. Diese Bilder wurden nicht nur für die kanadischen Soldaten zur Zielscheibe ihres Spottes, sondern auch für viele deutsche Internierte, deren Kunstverständnis gering war. Trotzdem war es das erste Mal in seinem Leben, daß René sich mit einer Gruppe von Menschen identifizieren konnte. Er teilte mit ihnen den Schock der Internierung, die Unsicherheit, wie es weitergehen sollte, und ein Zusammengehörigkeitsgefühl, das ihnen half, die Unbilden des Lagerlebens zu überstehen. Neben seinen großen symbolischen Bildern in Kreide fertigte er auch für die von den Insassen hergestellte Lagerzeitung lebendige Karikaturen und andere Zeichnungen an.

1941 wurden die antifaschistischen Deutschen aus dem Internierungslager entlassen. René kam wieder nach London. Mit Hetta war er schon auseinander. Er arbeitete mit Begeisterung für den 1939 gegründeten Deutschen Kulturbund und war nun entschlossen, nach dem Krieg mit anderen Emigranten nach Deutschland zu gehen. Er fühlte sich als Mitglied einer Gemeinschaft mit gemeinsamen Zielen, deren Schicksal er bereits geteilt hatte.

10

Da wir zu jener Zeit noch keine Kinder hatten, fiel uns die Entscheidung, nach Deutschland gehen zu wollen, wahrscheinlich leichter. 1944, als die Angriffe der V1-Fernraketen begannen, war ich Luftschutzwart, und wenn nachts die

Sirenen heulten, sprang ich aus dem Bett, zog den dicken, marineblauen Mantel eines Luftschutzwarts an, setzte den Stahlhelm auf und rannte zum Ende der Straße, wo mein Posten war. An einem Abend im Frühsommer war ich nicht im Dienst, aber die häufigen Lichtblitze und der Lärm des Angriffs veranlaßten uns, zusammen mit den Nachbarn den primitiven Straßenunterstand aufzusuchen, weil wir fürchteten, daß die Gasleitungen platzen könnten, wenn unser Haus getroffen würde. Während wir dort standen, überkamen mich heftige Schmerzen, und ich konnte bei der Entwarnung kaum noch die Treppen hochlaufen. Am nächsten Tag waren die Schmerzen noch immer da, und als ich aufstand, wurde ich ohnmächtig. René rief einen Arzt, der mich ins New-End-Krankenhaus oben auf Hampstead Hill schickte, wo man mich wegen einer Fehlgeburt behandelte und mir sagte, ich könne in zwei Tagen wieder nach Hause gehen. René holte mich ab, aber als wir den Berg schon halb hinunter waren, mußten wir ein Taxi nehmen, weil die Schmerzen erneut heftig einsetzten. Den Tag darauf wurde ich wieder ins Krankenhaus gebracht, diesmal diagnostizierte man eine Eileiterschwangerschaft. René war zu den Carlines hinübergegangen, um während der Luftangriffe in Gesellschaft zu sein, und erst als er im Krankenhaus anrief, wurde ihm klar, daß man dringend seine Erlaubnis erwartete, mich zu operieren. Als ich in den Operationssaal gefahren wurde, fingen die Sirenen an zu heulen, und ich konnte, halb betäubt, gerade noch hoffen, daß die Hand des Chirurgen nicht zittern würde. Alles ging jedoch gut, obwohl ich wegen einer Bauchfellentzündung noch sechs Wochen im Krankenhaus zubringen mußte. Am Morgen nach der Operation kam der Chirurg zu mir und fragte mit dem Anschein größter Besorgnis: »Wie geht es Ihrem Mann?« René hatte mit ihm gesprochen, als er im Krankenhaus gewesen war, und schreckliche Drohungen ausgestoßen, falls etwas schiefgehen sollte.

Gerade in jener Zeit wurden die Patienten schnell ent-

22 Woburn Rd, Bedford.

Dear Heinz,
How are you? I hope you've been able to abandon your umbrella which at this stage of the war is hardly appropriate. René and I are having a sleepy time with no noise except thousands of planes swooping down every five minutes.

We go out for walks

typical citizens of Bedford

come back

This is how René says I walk

go to sleep again.

zzzz

zzzz

When René is awake he is either eating or doing a head of my nephew Stephen.
Love to Trudy and family & to you – Elizabeth.

Brief von Elizabeth Shaw an Heinz Worner, Bedford 1944

lassen, da man die Krankenhäuser für mögliche Verwundete der V1-Angriffe freihaben wollte. In dem großen Zimmer, in dem ich lag, befanden sich nur sehr alte Damen und einige dringende Fälle wie ich. Einer Neunzigjährigen hatte man gerade ein Bein abgenommen, und sie durfte am Abend ihren Krug Bier trinken, den sie jedesmal, mit einem scheuen Lächeln auf ihrem freundlichen Gesicht, zu unser aller Wohl erhob. Auf beiden Seiten des Raumes waren große Fenster, und um uns vor möglichen Glassplittern zu schützen, sollten wir bei Fliegeralarm unser Gesicht mit dem Kopfkissen bedecken. Nur eine einzige Bombe ging in unserem Viertel nieder und fiel in einen Teich in der Nähe unseres Hauses. René war im Bad, als er sie herunterkommen hörte, und tauchte instinktiv unter Wasser.

Als ich aus dem Krankenhaus entlassen wurde, fuhren René und ich kurze Zeit nach Bedford zu meinen Eltern, damit ich mich dort erholen konnte. Ich gab meine Stelle in der Fabrik auf und begann zu Hause als freischaffender Künstler für *Lilliput* und *Fore Publications* zu arbeiten, wo der Designer Henrion Kunstredakteur war. 1945 lud mich Henrion, ein Flüchtling aus Deutschland, zum Essen in ein Restaurant ein und sagte mir sehr eindringlich, daß ich nicht nach Berlin gehen solle. Er wüßte, daß die Geschichten von Leuten, die einfach verschwänden, wahr wären; er selbst hätte Freunde, die Opfer des stalinistischen Terrors wären. Ich erzählte René davon, und wir taten es mit einem Lachen ab. Wir dachten, Henrion wäre auf die Propaganda seines Freundes Arthur Koestler hereingefallen.

11

Hampstead ist nicht ganz London, nicht ganz England.

Der 24er Bus windet sich seinen Weg den Berg hinauf zur Endstation Hampstead Heath. Dort oben ist die Luft frischer als in anderen Stadtteilen, nicht nur, weil es höher liegt, sondern weil sich die grüne Heide kilometerweit über hügliges Land mit Baumgruppen und gelegentlichen Wasserflächen, den Teichen von Hampstead, hinzieht. Vom grasbewachsenen Parliament Hill, wo Kinder ihre bunten Drachen steigen lassen, hat man einen herrlichen Blick über die Stadt, und im Norden kann man Highgate, den höchsten Punkt Londons, sehen. Karl Marx liegt auf dem Friedhof in Highgate begraben. Trotz des verwahrlosten Zustands des Friedhofs können die Pilger das berühmte Grab nicht verfehlen, da es von einem riesigen, entsetzlich aussehenden Marxkopf überragt wird, der in den fünfziger Jahren von Laurence Bradshaw, einem Mitglied der Hogarth Group, angefertigt wurde. Seitdem sind diese überdimensionalen Marxköpfe in anderen Ländern wie Pilze aus dem Boden geschossen, vermutlich weil man annimmt, im Sinne der Familie Marx zu handeln, was allerdings sehr unwahrscheinlich ist.

Hampstead war Zufluchtsort für viele Flüchtlinge, hier wurde von antifaschistischen Emigranten der Freie Deutsche Kulturbund gegründet. Der Sitz dieser Vereinigung befand sich in einem viktorianischen Haus in der Upper Park Road. Als René aus der Internierung in Kanada zurückkam, arbeitete er dort für ein geringes wöchentliches Entgelt. Er organisierte Ausstellungen und entwarf Plakate und Broschüren. Eine seiner antifaschistischen Ausstellungen, *Allies inside Germany*, wurde an vielen Orten in England gezeigt.

Durch seine Arbeit kam er mit Margaret Lloyd, einer Cousine von Bertrand Russell, in Kontakt, die sich unermüdlich für verschiedene Flüchtlingsorganisationen einsetzte. Sie war im Czech Trust Fund sehr aktiv gewesen, einer Organisation, die deutschen Flüchtlingen half, nach der Besetzung durch die Nazis aus Prag wegzukommen. Margaret war es auch, die René für die Publicity-Arbeit für das Yugoslav Emergency Committee interessierte, das Titos Partisanen unterstützte. Wir waren zu einem Parlamentsempfang für die ersten jugoslawischen Partisanen eingeladen, die nach England gekommen waren. Mir fiel auf, daß sich die sowjetischen Vertreter, in Offiziersuniform, den Partisanen gegenüber reserviert verhielten. Vielleicht war dies bereits ein Zeichen für den sich ankündigenden Bruch zwischen Moskau und Belgrad.

Ich ging nicht sehr oft in den Klub des Kulturbunds. Die Atmosphäre dort war typisch deutsch. Es gab ein kleines Theater für Musik, Kabarett und kurze Stücke. Die Bühnenbilder dafür entwarfen unter anderem John Heartfield und Oskar Kokoschka. Der Klub förderte den Kontakt unter den Emigranten und bereitete sie auf die Rückkehr in ihre Heimat vor. Deutsch wurde gesprochen, gewichtige Diskussionen wurden geführt, und im Restaurant wurden schwere deutsche Speisen verzehrt, angefangen mit einer kräftigen Suppe. Der deutsche Appetit ist mit dem englischen nicht zu vergleichen, deshalb hörte ich von einigen die Klage, sie wären in England halb verhungert.

Mit René zusammen aß ich häufig in einem kleinen Café in der Nähe der Endhaltestelle des Busses, wo man für einen Shilling und sechs Pence ein bescheidenes Mittagessen, das aus drei Gängen bestand, bekam. Dort trafen wir oft Heinz Kamnitzer, einen intelligenten und lebhaften jungen deutschen Historiker, der bereits einige Jahre in London war und fließend Englisch sprach. Es gab aber auch diejenigen unter den Emigranten, wie den Präsidenten des Kulturbunds Hans Fladung, die die Sprache kaum beherrschten. Fladung war ehemaliger Reichstagsabgeordneter und von den Nazis so zusammengeschlagen worden, daß sie ihn für tot hielten und einfach liegenließen. Er wurde von den Quäkern gerettet und nach England gebracht. Halb erblindet und halb taub, ging er an einem Stock durch die Straßen. Seine Wirklichkeit spielte sich nicht in England ab, er lebte, wie eigentlich alle politischen Flüchtlinge, in einem Traum, angefüllt mit Plänen für ein Deutschland nach dem Krieg.

Hampstead bot aber nicht nur Flüchtlingen Unterschlupf,

Bei Carlines in der Pond Street

es war ein Vorort der Dichter und Denker, der Schriftsteller und Maler. Viele von ihnen kannten wir: William Empson, der mit Renés südafrikanischer Freundin Hetta verheiratet war, Dylan Thomas, David Holbrook und Anna Wickham, die sich niemals wusch und einen schäbigen blauen Hut trug, den sie über ihre kleinen, boshaft blickenden Augen zog. Sie erzählte uns immer, sie wäre depressiv und würde sich eines Tages aufhängen, was sie dann auch tat.

In einem der alten Häuser in der Pond Street wohnte unser Freund Dick, der Maler Richard Carline, der aus einer Malerfamilie stammte. Das Haus der Carlines war ein Treffpunkt für viele Freunde. Im Sommer spielten wir im Garten Krocket, danach gab es auf der Veranda Tee. Dicks Schwester Hilda war mit dem kleinen und verlotterten Maler Stanley Spencer verheiratet, der manchmal auch dort war, meist saß sie aber allein und traurig am Kamin. Die Carlines besaßen eine Truhe mit alten Kleidern, Schäfermäntel und andere ausgefallene Gewänder, und Weihnachten, angeführt von unserer Nachbarin May Lawrence, stöberten wir, Dicks kläg-

liche Einwände mißachtend, darin herum und suchten nach einem Kostüm für die Party bei Phillips.

Godfrey Phillips war ein Kunsthändler, der in Hampstead jedes Jahr ein großes Fest gab, wozu ursprünglich Cliff Rowe den Anstoß gegeben hatte. Dorothy Phillips, ein ehemaliges Modell des Bildhauers Epstein, stand zusammen mit ihrem Mann an der Eingangstür und begrüßte die vielen Gäste. Sie war sehr klein, mit einem hübschen jüdischen Profil, trug immer das Kostüm eines Clowns und hatte für jeden ein freundliches Lächeln. Godfrey trug eine Jacke aus Chinaseide. Es gab jedesmal zwei gebratene Truthähne zum Fest, zu jener Zeit eine Sensation. Später erzählte mir ihr Sohn, sie hätten aufgehört, diese Feste zu geben, da sie ihnen aus den Händen geglitten wären. »Unbekannte«, sagte er, »stürzten herein, schnappten sich einen Truthahn und verschwanden damit.«

Unsere bereits erwähnte Nachbarin May Lawrence, ein attraktives schottisches Mädchen, wohnte uns gegenüber. Sie lebte mit einem gutaussehenden Mann nach dem anderen zusammen, bis sie schließlich Ian Henderson heiratete und nach dem Krieg aufs Land zog. Ians Mutter, Wyn Henderson, besaß in Essex ein Landhaus, wohin wir manchmal am Wochenende fuhren. Obwohl es nicht weit von London entfernt war, gab es dort keinen Strom, nur Öllampen und Kerzenlicht. Später fiel mir auf, daß die Stromversorgung in Deutschland viel weiter ausgebaut war als in England. Bei Wyn Henderson probierte ich zum erstenmal in meinem Leben Camembert, der mir vorzüglich schmeckte. Das Essen während des Krieges war ausreichend, aber nicht sehr abwechslungsreich.

Neben uns lebte Richard Bennett, der damalige Herausgeber von *Lilliput*, und die Kunsthistoriker Francis Klingender und Millicent Rose, mit denen wir näher befreundet waren, wohnten auch nicht weit entfernt. Francis organisierte einmal im AIA-Zentrum eine Ausstellung zu einem seiner Lieblingsthemen: die russische und englische Karikatur zur Zeit der napoleonischen Kriege. Er hatte gerade seine Ansprache begonnen, als ein schlanker alter Mann mit rosigem Gesicht und einem weißen Bart hereinkam und sich setzte. Francis schluckte ein paarmal, brachte es aber fertig, weiterzusprechen, obwohl ihm niemand mehr zuhörte. Alle starrten gebannt auf diese phantastische Erscheinung – George Bernard Shaw.

Ehe wir nach Deutschland aufbrachen, zog der Künstler Paul Hogarth in das Haus ein, in dem May Lawrence wohnte. Unsere Bekanntschaft mit ihm entwickelte sich zu einer dauerhaften Freundschaft. Er war einer der wenigen, der uns mehrmals in Berlin besuchte. Dieser begabte Künstler fertigte einige der besten Zeichnungen von Irland, insbesondere von Belfast an, die ich kenne, als er den Schriftsteller Brendan Behan in den fünfziger Jahren auf einer Reise dorthin begleitete. Mit großem Geschick und einem wachen Blick arbeitete er mit vielen bekannten Autoren an Projekten zusammen, die ihn um die ganze Welt führten.

Hampstead war ein Sprungbrett für große Unternehmungen und ein schöner Ort, an den man gern zurückkehrte.

1944 heirateten René und ich im Rathaus von Hampstead.

Als der Krieg zu Ende war, gingen wir am Abend mit der jubelnden Menge nach Parliament Hill, wo René laut die Marseillaise sang, als befreiter Franzose angesehen, umarmt und in die Luft geworfen wurde. Das gefiel ihm gut.

Die deutschen Emigranten warteten nun ungeduldig auf Visa, um in ihre Heimat zurückkehren zu können. Aber das ging nicht so schnell. Wir machten in Wales Urlaub und besuchten meine Verwandten in Irland.

Dann bekamen wir endlich sowjetische Visa fur Berlin.

3. Teil

1

Jeder, der noch Zugang zu solchen Zeugnissen hat, sollte sie unbedingt sichern, denn die Zeit, von der hier die Rede ist, war alles andere als eine gewöhnliche.

Karl Max Kober, Die Stunde Null?

Die Flüchtlinge, die nach Deutschland zurückkehren wollten, mußten ein Einreisevisum von einer der vier Besatzungsmächte haben, da das Land unter militärischer Verwaltung stand. Die Russen waren die ersten, die Einreisevisa ausstellten, hauptsächlich für kommunistische Flüchtlinge. Der erste Transport ging im September 1946 zurück. Wir waren in der zweiten Gruppe, die im Oktober folgte. Vorher mußten wir uns einer Reihe von Impfungen gegen Typhus, Cholera und gegen andere Krankheiten unterziehen, und die herzlich gemeinten Abschiedsknuffe wurden unserer strapazierten Arme wegen nicht sehr freundlich aufgenommen. Freunde, der Bildhauer Heinz Worner und seine Frau, die schon früher rübergegangen waren, schrieben, sie hätten eine Bleibe für uns gefunden – und bringt Kerzen mit, baten sie uns eindringlich. Wir sollten im selben Haus in Charlottenburg im britischen Sektor wohnen. Wir waren bereits in Hampstead Nachbarn gewesen und freuten uns mit ihnen, als sie am Ende des Krieges erfuhren, daß der Vater, der 1933 als kommunistischer Funktionär ins Gefängnis gesteckt worden war, 1944 freigekommen war und eine gute Freundin geheiratet hatte.

Wir kauften eine Anzahl billiger schwarzer Blechkoffer, um unsere Bücher, Kerzen, Knoblauch und andere Dinge einzupacken, und ehe wir mit dem Zug über Brüssel nach Berlin

Berlin

Erste Eindrücke von Berlin, 1946

fuhren, fanden einige Abschiedsfeiern statt. Wir reisten in Gesellschaft von Miriam, einer Halbjüdin, die wieder zu ihrer geschiedenen Mutter nach Berlin wollte, und in Gesellschaft zweier Herren, deren Namen ich vergessen habe. Einer von ihnen kehrte ziemlich bald zu Frau und Kind zurück, die in England bleiben wollten.

Als wir Brüssel erreichten, wurden wir von einem Lichterglanz geblendet, der Frieden verhieß. England war noch sehr dunkel, Belgien dagegen hatte Uran und blühte auf. Während der Zug im Bahnhof hielt, rannte Miriam schnell hinaus, um für ihre Mutter ein Hühnchen zu kaufen. An der Grenze zur sowjetisch besetzten Zone lehnten wir uns zum Fenster hinaus, um den ersten Russen zu sehen. Ich hatte, außer auf dem Parlamentsempfang, bereits einen russischen Offizier zu Gesicht bekommen, der Piccadilly hinunterspazierte und ständig von Leuten angehalten wurde, die ihm die Hände schütteln wollten, denn damals wurden die Russen als Helden betrachtet, die den gemeinsamen Feind, die Nazis, geschlagen hatten. Und die ungeheuren Opfer, die sie gebracht hatten, wurden auch in England anerkannt. Russen, stellte man sich vor, waren überlebensgroß und trugen goldene Korngarben, so wie sie in der Zeitschrift *Russia to-day* abgebildet waren. Wir breiteten um unsere Sitzplätze herum Exemplare der *New Times* und rote Tücher aus, aber die Soldaten, die unsere Pässe kontrollierten, schienen davon keine Notiz zu nehmen. Sie hatten lange schmutzige Mäntel an, am Saum ausgefranst und mit einem Gürtel in der Taille zusammengehalten. Sie trugen Gewehre, lächelten nicht und sahen irgendwie verwirrt aus.

Die Bahnlinie endete in Charlottenburg. Die Hauptbahnhöfe waren noch nicht wieder instand gesetzt. Wir gingen den Bahnsteig entlang, dorthin, wo unsere Freunde uns erwarteten. Sie sahen in dem trüben Licht nervös und abgespannt aus. Auf den Treppen zum Bahnsteig kamen zwielichtige Gestalten auf uns zu und fragten nach Zigaretten. »Geben Sie

ihnen keine«, flüsterten unsere Begleiter. Mich überkam ein Gefühl von Beklommenheit, das sich noch steigerte, als ich meine Freundin fragte, wie es ihrem Vater ginge. »Das erzähle ich dir später«, sagte sie und schaute dabei weg.

Es stellte sich heraus, daß nach Kriegsende sowjetische Zivilisten gekommen waren und den Vater mitgenommen hatten, seitdem hatte sie nichts mehr von ihm gehört. Auch ohne das Land länger zu kennen, wußte man, daß jeder, der 1944 aus dem Gefängnis entlassen worden war, sich bereit erklärt haben mußte, für die Nazis als Lockvogel zu dienen.

Unsere Freunde hatten in dem Haus, in dem sie wohnten, für uns ein möbliertes Zimmer gemietet. Es gehörte zu der Wohnung einer Arbeiterin, die bei Siemens angestellt war. Frau Baaskes Mann und ihr Sohn waren in den letzten Kriegstagen ausgegangen und niemals zurückgekehrt. Ihre Sachen hingen noch in dem Schrank in unserem Zimmer, und als Frau Baaskes Hoffnung, sie jemals wiederzusehen, schwand, wurden die Hosen auf dem schwarzen Markt gegen Kartoffeln eingetauscht. Außer dem Kleiderschrank gab es noch einen Schrank mit vielen Gläsern unterschiedlicher Form und Größe sowie einige zusammengerollte Teppiche in einer

Ecke, die wahrscheinlich ebenfalls für den Tauschhandel bestimmt waren. Unsere neun übereinandergestapelten Blechkoffer, eine uralte Couch, ein Tisch mit einer Spitzendecke, zwei Betten und ein altertümlicher Ofen ließen nicht mehr viel Bewegungsraum im Zimmer.

Während der folgenden Tage stellten wir den Tisch ans Fenster, das auf einen grauen Hinterhof hinausging, so hatte ich ein bißchen mehr Tageslicht, um Karikaturen für die Presse zu zeichnen, was die Genossen sofort von mir verlangten. Da es Strom nur etwa zwei Stunden täglich gab, waren wir froh, daß wir die Kerzen mitgebracht hatten. Frau Baaske kümmerte sich um unsere Lebensmittelkarten und kochte für uns, Dinge, die für Neuankömmlinge schwer zu bewältigen waren. An der Ecke der Straße war der schwarze Markt, wo die verschiedensten Waren verkauft oder getauscht wurden. Gelegentlich wurde der Handel durch eine Polizeirazzia unterbrochen, dann zerstreuten sich die Käufer, um bald darauf zurückzukommen. Kleine Zettel waren an die Bäume gepinnt, auf denen etwas zum Verkauf oder Tausch angeboten wurde. Ich erinnere mich an einen davon, der lautete: »Würde gern meinen Mann gegen ein großes fettes Schwein eintauschen.« Salz war das einzige, was nicht rationiert zu sein schien, und stand einsam in den sonst leeren Schaufenstern.

Frau Baaske sagte mir, daß ich in ihrer Abwesenheit nicht die Tür öffnen sollte. Bettler, die um etwas zu essen baten, waren ständige Besucher. Es war ein langer eisiger Winter. Im November fiel Schnee, der bis zum März liegenblieb. In den schrecklichen Ruinen, die uns umgaben, suchten die Menschen nach Feuerholz. Morgens platzte Frau Baaske häufig mit der Neuigkeit herein, daß sich dieser oder jener Nachbar in der vergangenen Nacht erhängt hatte.

Uns wurde gesagt, wir sollten einen britischen Soldaten ausfindig machen, der bereit wäre, für uns Pakete zu empfangen, die offensichtlich nicht auf direktem Wege geschickt werden konnten. Jemand brachte uns mit Wilfred Burchett, dem *Daily-Express*-Korrespondenten, zusammen, der bereit war, unsere Post zu empfangen. René hatte mit einer Schweizer Firma ein Abkommen geschlossen, die uns schöne schweizerische Erdbeerkonfitüre und andere Dinge schickte. Der Club des Kulturbundes, ein stilvolles Gebäude in der Jägerstraße, bot seinen kulturbeflissenen Mitgliedern, die den entsprechenden Schein vorwiesen, eine warme Mahlzeit. Für jede Familie wurde nur ein Schein ausgestellt, und der wurde natürlich den Männern gegeben, was mich etwas entrüstete, aber ab und an durfte ich freundlicherweise Renés Schein benutzen. Eines Tages lud uns Frau Baaske ein, mit ihr in die Oper zu gehen. Die Aufführung fand im Admiralspalast, dem späteren Metropol-Theater, statt, das die Russen frisch restauriert hatten. In der Pause führte sie uns freudestrahlend zum Büfett, wo wir auf einer Untertasse rote Bete aßen, die von den Russen spendiert worden waren – ohne Zuteilung!

Wir waren in eine seltsame kleine Welt gekommen. Für den Außenstehenden teilten sich die Deutschen in zwei Kategorien: die Nazis, die Wehrmacht und diejenigen, die Hitler gewählt hatten – und die Nazi-Gegner, die aus Lagern, Gefängnissen und aus der Emigration kamen. Das Bild der ersten Kategorie war für mich, aus England kommend, stark von den Karikaturen der Kriegszeit geprägt – der Deutsche mit rasiertem Kopf, scharfer Nase und Brille, gehorsam und ergeben.

Der Leitgedanke der Zurückgekehrten war, daß das deutsche Volk seine Schuld an dem schrecklichen Weltkrieg einsehen muß. René fing gleich damit an, in der Küche unserer Wirtin mit ihr und ihrem Freund, einem Siemens-Arbeiter, zu diskutieren. »Ja«, sagte ihr Freund nachdenklich, als René mit seinem leidenschaftlichen Überzeugungsversuch fertig war, »wir haben einen Fehler gemacht. Wir hätten in England landen müssen.«

Die zweite Kategorie der Deutschen waren für uns die überprüften Nazi-Gegner, zu denen die sowjetische Militärregierung Vertrauen haben konnte. Auf Grund ihrer politischen Zuverlässigkeit und nicht ihrer beruflichen Qualifikation wegen wurden sie mit leitenden Funktionen betraut. So kam es, daß ein treuer Genosse, den ich kannte, von einem hohen Posten zum anderen sprang: vom Chef des Rundfunks zum leitenden Funktionär in der Landwirtschaft und dann plötzlich zum Chefredakteur einer humoristischen Zeitschrift. Anzeichen des kalten Krieges waren schon zu spüren. Diejenigen, die aus der Emigration aus dem Westen kamen, wurden von der sowjetischen Militärverwaltung mit Zurückhaltung betrachtet, und die westlichen Besatzungsmächte versuchten, sie für sich zu gewinnen.

Für jemanden, der aus dem Ausland kam, war das Leben unter der Naziherrschaft nur schwer vorstellbar; die Brutalität, der die Menschen ausgesetzt waren, ihre Zweifel und ihre Unfähigkeit, Widerstand zu leisten, die Schrecken des Krieges und der Schock der Niederlage – die Leute auf der Straße waren gezeichnet davon. Deutschland hatte den tiefsten Punkt des Abgrunds erreicht. Ein Vakuum war entstanden. Jeder Funke Optimismus wurde bereitwillig aufgenommen; aus den Ruinen entstand neues Leben; alles schien möglich, jeder wurde gebraucht.

In jenem Herbst waren wir sehr beschäftigt. René versuchte, die Arbeit fortzusetzen, die er bereits in England begonnen hatte – er stellte mit dem mitgebrachten Material kleine, transportierbare Ausstellungen zur Propagierung der Kunst zusammen. Er hatte sich damit an Volk und Wissen, den wichtigsten Lehrbuchverlag, gewandt. Es war sehr schwer, auf diesem Gebiet voranzukommen, obwohl das Interesse an Kunst im Volk vorhanden war, denn ich erinnere mich an lange Schlangen vor einer Ausstellung über moderne französische Malerei in dem noch existierenden Teil des Berliner Schlosses Unter den Linden. Die damalige sowjetische

Auffassung über Kunst widersprach der von René, was zu heftigen Auseinandersetzungen im Verlag führte. René ging frühmorgens in der Kälte zur Arbeit und kehrte abends überanstrengt und bald abgemagert zurück. Mein Arbeitsplatz war unser möbliertes Zimmer, wo ich Zeichnungen für die Tagespresse produzierte.

Im Herbst 1946 wurden wir zur Eröffnung einer großen Kunstausstellung in Dresden eingeladen, wo wir viele Künstler trafen, unter ihnen den Grafiker Herbert Tucholsky, den Architekten Hermann Henselmann und den Maler Arno Mohr. René wurde angeboten, als Lehrer an der Kunstschule in Weimar anzufangen, aber Henselmann, der Direktor der Schule, riet ihm davon ab, obwohl die Versorgung in Weimar besser war als in Berlin. »Ihr seid Großstadtleute«, sagte er, »und solltet in Berlin bleiben.«

Wir wohnten auf dem Weißen Hirsch bei einem Bildhauer und seiner Frau, die Schauspielerin war. Beide gingen später in den Westen. Ihr Bericht über die Bombenangriffe war schrecklich. Dresden war ein einziges Ruinenmeer. Vom Weißen Hirsch schaute man auf eine trostlose Trümmerlandschaft hinunter, durch die sich nur wenige Pfade wanden. Sie erzählten uns von der massiven und ununterbrochenen Bombardierung der Stadt durch die Alliierten zu einer Zeit, als der Krieg bereits zu Ende ging, von Maschinengewehrfeuer aus der Luft auf angsterfüllte Menschen, die zum flachen grünen Ufer der Elbe geflüchtet waren, dann von der Ankunft der sowjetischen Truppen. Die Frau des Bildhauers hatte ein nervös bedingtes Kopfschütteln bekommen, was sich noch steigerte, als sie uns verbittert über ihre Erlebnisse und über ihr Mißtrauen der Gegenwart gegenüber erzählte. Ich erinnerte mich daran, wie wir uns in England über die Flugzeugstaffeln am Himmel gefreut hatten, die täglich zur Bombardierung Deutschlands losflogen, weil dies bedeutete, daß der Krieg bald vorüber sein würde. So gefühllos, so gleichgültig macht uns der Krieg.

Die Russen luden die Künstler zu einem Bankett in ihrem Hauptquartier auf dem Weißen Hirsch ein. Ich merkte, wie unsere Gastgeber mich kühl musterten, als wir als Neuankömmlinge aus England vorgestellt wurden. Ich konnte mich noch nicht deutsch unterhalten, so setzte man mich neben den Maler Schmidt-Rottluff, der französisch sprach. Da wir beide die Sprache nicht besonders gut beherrschten, gibt es nichts Nennenswertes über diese Begegnung zu berichten. Ich wünschte, ich hätte damals gewußt, daß ich mit einem der berühmten Begründer des Expressionismus zusammengesessen hatte.

Auf einem Empfang, der vom britischen Kulturattaché in Charlottenburg Ende 1946 gegeben wurde, kamen wir erneut mit Künstlern und Schriftstellern zusammen. Zwei junge Männer, Wolfgang Leonhard und Wolfgang Harich, küßten mir höflich die Hand, als sie mir vorgestellt wurden, und René flüsterte mir ins Ohr, die beiden wären die vielversprechendsten Kader unter den jungen Intellektuellen.

Nicht lange danach kündigte die Rede von Churchill in Fulton den kalten Krieg an, und es war aus mit der Freundlichkeit über die Sektorengrenzen hinweg.

Auf diesem Empfang begegnete ich zum erstenmal dem Karikaturisten Herbert Sandberg. Es war noch nicht lange her, daß Sandberg nach elfjähriger Haft aus dem Konzentrationslager Buchenwald befreit worden war. Er schäumte über vor Vitalität und dem Wunsch, die langen Jahre der Entbehrung auszugleichen. Er war nicht nur Karikaturist, sondern auch Herausgeber der satirischen Zeitschrift *Ulenspiegel*, für die er mich bat zu arbeiten. Der *Ulenspiegel* folgte der Tradition des berühmten Simplicissimus, den ich schon lange vorher gekannt und bewundert hatte. In seiner frischen, temperamentvollen und geistreichen Art spiegelte der *Ulenspiegel* mit seinem breiten Spektrum von Mitarbeitern aus dem Osten und dem Westen Deutschlands die Zeit wider, in der er erschien. Kurz nach unserer Begegnung besuchte uns Sandberg mit seiner hübschen jungen Frau in unserem möblierten Zimmer in der Knobelsdorffstraße. Bei Kerzenlicht saßen sie mit uns auf Frau Baaskes schäbigem Sofa und strahlten Optimismus aus.

2

Als wir in Berlin eintrafen, ging Rene zu den Behörden, um uns anzumelden, und bekam, wie früher von seinem Vater in der Lehre, von seinem Vaterland eine Ohrfeige. Man teilte ihm mit, daß er kein Deutscher, sondern staatenlos sei, da er nie in Deutschland gelebt habe. Zuerst fühlte er sich zurückgestoßen, aber es stellte sich heraus, daß es damals für ihn von Vorteil war, denn als Staatenloser wurde man, was das Reisen betraf, wie ein Ausländer behandelt. Unter der Militärverwaltung waren Deutsche bestimmten Reisebeschränkungen unterworfen, und es war schwierig, ein- und auszureisen. Ende 1946 konnten wir zur Gründung der UNESCO nach Paris fahren und uns die internationale Kunstausstellung ansehen, in der René mit einem großen Bild kämpfender Zentauren als Symbol der Brutalität des Krieges vertreten war, das er während der Internierung in Kanada gemalt hatte.

René holte mich vom Krankenhaus in Spandau ab, wo ich wegen einer Fehlgeburt gelegen hatte. Wir fuhren in dem für Ausländer bestimmten Teil des Zuges, was bedeutete, daß wir nicht wie die Deutschen auf Bahnhöfen aussteigen mußten, um kontrolliert zu werden. Wir hatten jedoch keine Sitzplätze, und ich lag auf dem Fußboden im Gang zusammen mit einem britischen Offizier, der auch gerade aus dem Krankenhaus entlassen worden war und ein Gipsbein hatte. Als wir durch das Ruhrgebiet fuhren, sahen wir, daß die Fabriken in Trümmern lagen und die Städte schwer zerstört waren. Wir kamen an »Kartoffelzügen« vorbei, die mit Menschen überfüllt waren, die ihre Habseligkeiten gegen Eßbares eintauschen wollten. Sie hingen außen an den Wagen, saßen auf den

Dächern und umklammerten ihre Säcke mit den zum Tausch bestimmten Dingen.

Als wir in Paris, einer Stadt ohne Ruinen, unser Hotel in Montparnasse suchten, bekam ich plötzlich Blutungen. Wir waren sehr erschöpft, aber schließlich fanden wir das Hotel, wo uns unser Freund Dick Carline begrüßte; und obwohl ich einige Tage im Bett bleiben mußte, war alles prächtig. Das Leben in Frankreich nach dem Krieg war aber nicht leicht. Ohne Zuteilung boten die Cafés nur einen kleinen Teller mit Karotten an, und den Franzosen stand zu ihrem großen Unglück nur eine Flasche Wein in der Woche zu. Diese beschrifteten die Kunden und ließen sie auf dem Flaschenbord in ihrem Stammcafé für einen gelegentlichen Schluck stehen. Natürlich gab es für jene, die es sich leisten konnten, einen schwarzen Markt.

Neujahr feierten wir in Neuilly bei einem Künstlerkollegen von Carline, einem Weißrussen, Prinz Iwanow genannt. Wir konnten die Adresse zuerst nicht finden, und als es auf Mitternacht zuging, fragten wir auf einem Polizeirevier um Rat. Es stellte sich heraus, daß es in Paris unzählige Prinzen Iwanow gab, doch schließlich fanden wir den gesuchten, und die mit Kronen bestickten Kissenbezüge betonten seinen aristokratischen Anspruch. Er und Madame de Troudon hätten sich gut und gerne im Bois de Boulogne begegnet sein können.

Ich fuhr kurz nach London, um Freunde zu treffen, und der Chefredakteur von *Lilliput* schlug vor, mich zum Korrespondenten für die Zeitschrift zu machen, um unseren Status zu verbessern. Wir gingen zusammen zum Kriegsministerium, um einen Antrag zu stellen, aber ich wurde leider abgewiesen.

Ich kehrte nach Paris zurück, wo wir noch einige Tage verbrachten. Wir besuchten mehrmals die große internationale UNESCO-Kunstausstellung. Das Zentaurenbild von René hing in der Abteilung für Staatenlose, da die Deutschen nicht vertreten waren. Deutschland stand noch unter der Militärherrschaft der vier Siegermächte und war kein UNESCO-Mitglied. In Frankreich herrschten Haß und Bitterkeit den Deutschen gegenüber. Als ich einmal versuchte, einer Bekannten zu beschreiben, wie schlecht es vielen in Deutschland ging, wandte sie sich ab mit der Bemerkung: »Ich möchte nichts davon hören! Von mir aus können sie alle verrecken!«

Es war die Zeit der Existentialisten – Sartre und Simone de Beauvoir –, die linkes Engagement mit freiem Willen kombinieren wollten. Wir sahen Sartres *Huis Clos* in einem kleinen Theater. Es handelte sich um eine Vision der Hölle: Leute, die für die Ewigkeit in einem kleinen Zimmer zusammen eingesperrt sind. Im Theater war es heiß und drückend, und eine Frau wurde ohnmächtig und mußte hinausgetragen werden. Ich spürte Panik in mir aufsteigen und war froh, als das Stück zu Ende war.

Nach Berlin mit seinen grimmigen Ruinen zurückgekehrt, zogen wir nach Zehlendorf im amerikanischen Sektor, in einen Vorort, der Onkel-Toms-Hütte hieß. Die Siedlung war von dem Architekten Bruno Taut in den zwanziger Jahren gebaut worden. Das kleine Haus teilten wir mit unserer Freundin Miriam und ihrem Mann, dem Schauspieler Gerry Wolf. Wir bekamen ein großes leeres Zimmer, die Wolfs lebten oben, Küche und Bad wurden gemeinsam benutzt. Die Umgebung war schön, und wir hatten Platz zum Arbeiten. René gab seine Beschäftigung beim Verlag Volk und Wissen auf und begann als freiberuflicher Künstler.

Damals waren wir mit Georg Honigmann und seiner Frau Litzi gut befreundet. In der Emigration in England hatte er als Auslandskorrespondent für Reuter gearbeitet. In Berlin wurde er Chefredakteur der neu gegründeten Abendzeitung *BAM*, der Vorläuferin der *BZ am Abend*, und er bat mich, für *BAM* zu zeichnen. Unter anderem bekam ich die schöne Aufgabe, alle Theaterpremieren in Berlin zu besuchen und

NORD EXPRESS
PARIS
1
2
3
OS
ABRUCK
4
5
NORD
DINING-CAR
EXPRESS
BERLIN
6

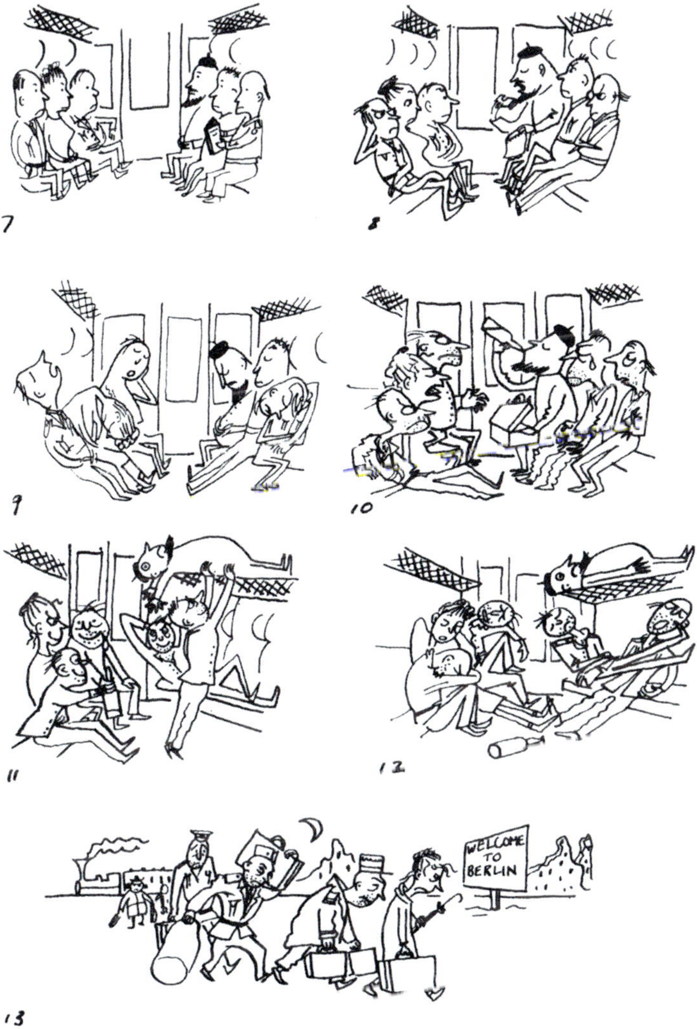

Reise von Paris nach Berlin, 1947

Berliner Skizzen, 1946:
Raucherabteil

Karikaturen zu machen. Sozusagen als Taubstumme habe ich dies nicht so genossen, wie es sonst möglich gewesen wäre, aber ich habe im Deutschen Theater den legendären Gustaf Gründgens in *Der Schatten* von Jewgeni Schwarz gesehen, kurz bevor Gründgens nach Düsseldorf ging. Der Eindruck, den dieses phantasievolle Märchen auf mich machte, ist unvergeßlich. Es spiegelte für mich die kuriose Unwirklichkeit, die gespannte Atmosphäre jener Zeit in Berlin wider.

Für unser großes leeres Zimmer in Onkel-Toms-Hütte hatte Georg eine Art Liege organisiert; ein Aluminiumgestell mit drei orangefarbenen Kissen darauf. Wir fanden es sehr schick und ließen uns noch verschiebbare Sitzmöbel anfertigen, die wir bei Freunden in Dresden gesehen hatten. Dies kostete enorm viel, aber wir waren nun eingerichtet.

Hüte

Woche der Höflichkeit

3

René kam eines Tages in großer Aufregung nach Hause. Außer Atem verkündete er, daß man nach Dieben fahnde, die bei dem Chaos nach Kriegsende Bilder aus der berühmten Dresdner Sammlung gestohlen hätten, man hätte herausgefunden, daß sie Raphaels *Mutter und Kind* in vier Stücke zerschneiden und im Ausland verkaufen wollten, das mußte verhindert werden – wir sollten helfen, beide! Was davon der Wahrheit entsprach, weiß ich nicht, aber René liebte die Kunst wie niemand sonst, den ich kannte, und es war nicht schwer, ihn für eine solche Sache zu gewinnen. Am nächsten Tag holte uns ein Polizist in Zivil in einem alten weißen amerikanischen Coupé ab und zeigte uns seine Pistole, wahrscheinlich um uns Mut zu machen. Wir fuhren nach Dresden, wo wir Anweisungen bekamen. Wir sollten uns mit dem Dieb treffen und so tun, als ob wir Amerikaner wären, die die Bilder kaufen wollten. Zusammen mit dem Verbindungsmann gingen wir zu der Wohnung, in der die Verabredung stattfinden sollte. Als Requisite stand eine Flasche Rum auf dem Tisch, und René, aufgeregt, trank mächtig viel davon. Der Dieb hatte einen Koffer mit Bildern bei sich, aber ehe er sie überhaupt herausholen konnte, öffnete der Verbindungsmann das Fenster – das Signal für die Polizisten zum Eingreifen. Sie stürmten mit schußbereiten Pistolen herein und riefen »Hände hoch!«. René, ganz von seiner Rolle ergriffen, warf sich auf die verdutzten Polizisten. »Ihr seid viel zu früh«, zischte er ihnen zu. »Ich war gerade dabei, weitere Verstecke herauszufinden. Nehmt sie fest!« Dabei zeigte er auf mich, und einer der verblüfften Polizisten griff nervös nach meinem Handgelenk. Ich mußte furchtbar lachen, obwohl mir der arme Dieb leid tat, der ganz blaß geworden war. »Ich dachte«, erklärte René danach, »wenn wir alle zusammen im Gefängnis gesessen hätten, hätte er mir noch mehr Verstecke verraten.« Unsere Rolle in diesem Melodram war aber zu Ende, und wir konnten nach Hause fahren.

4

Rush-a-bye baby on the tree-top,
When the wind blows the cradle will rock;
When the bough breaks the cradle will fall
Down comes the baby cradle and all!

Schlafe, mein Baby, hoch auf dem Baum,
Pustet der Wind, es schaukelt im Traum,
Bricht nun der Ast, dann kommt es zu Fall,
Baby und Bettchen und Bäume und all!

Englisches Wiegenlied

Im Herbst 1947 wußte ich, daß ich schwanger war. Ich beschloß, nach England zu fahren und bis zur Geburt des Kindes bei meiner Mutter zu bleiben, da die Ernährung dort besser war (kostenloser Orangensaft und Lebertran hatten eine Generation strammer Babys hervorgebracht) und ich all die nötigen Dinge kaufen konnte. Nach den vorhergegangenen Komplikationen war ich überglücklich, schwanger zu sein, und sehr darauf bedacht, daß alles gut gehen sollte. Zusammen mit René reiste ich ins verschlafene Bedford. Nicht lange nach unserer Ankunft wurde mein Vater sehr krank, er starb einen Tag nachdem René nach Berlin zurückgefahren war. Ich war froh, daß wir in dieser schweren Zeit meiner Mutter beistehen konnten.

Ich wurde in das auf komplizierte Geburten spezialisierte Bedford Country Hospital eingewiesen. Meine Tochter Anne war eine Frühgeburt und verfehlte nur knapp den Neujahrstag – sie kam am zweiten Januar frühmorgens zur Welt und löste mit ihrem Geburtstag in den folgenden Jahren immer ein Stöhnen aus, denn man war gerade dabei, sich von den Feiertagen zu erholen, und die Geschäfte hatten wegen Inventur geschlossen.

Anne war sehr klein, mit einer Menge weicher brauner Haare auf Kopf und Rücken und Fingernägeln, die noch nicht völlig ausgebildet waren. Sie war nicht ganz vorbereitet auf die Welt und schlief immer, wenn sie mir gebracht wurde. Einmal, als die Schwestern Salz auf ihre Zunge gestreut und ihre armen kleinen Zehen gezwickt hatten, damit sie aufwachte und gefüttert werden konnte, öffnete sie ihre violetten Augen, schaute hoch und sagte »Oh!«. Dann schloß sie sie wieder und schlief nochmals ein.

Wir lagen in einem Krankensaal mit zwei langen Bettreihen, die in althergebrachtem Stil einander gegenüberstanden. Mir gefallen solche Säle, vorausgesetzt, die Betten sind durch Vorhänge getrennt, die man zuziehen kann, wenn man für sich sein will. In solch einem Saal kann man sehen, was das Personal macht, und die vielen Patienten bieten eine gute Ablenkung. In Zwei- oder Dreibettzimmern fühlt man sich ständig verpflichtet, sich mit den anderen Patienten zu unterhalten, und man verdächtigt die Schwestern, den ganzen Tag in ihrem Aufenthaltsraum zu sitzen und Kaffee zu trinken. In dem Saal, in dem mein Baby geboren wurde, lagen zwei andere Frauen, die ohne Männerbesuch blieben. Die eine war eine arme Waise, deren Oma sie hinausgeworfen hatte, und ein Heim für werdende Mütter hatte sie unter der Bedingung aufgenommen, daß sie ihr Kind bei der Geburt zur Adoption freigeben sollte. Sie war bereits einige Zeit vor der Geburt im Krankenhaus, ihres hohen Blutdrucks wegen, was nicht verwunderlich war. Die andere, eine robuste Prostituierte, war eines Abends direkt aus der Kneipe eingeliefert worden, wo die Geburt bereits begonnen hatte. Kurz danach kam ein winziges Frühgeborenes zur Welt, das nackend, nur mit einem Rüschenhäubchen schief auf dem Kopf, in einen Inkubator gelegt wurde. Es besaß eine enorme Vitalität und schrie aus Leibeskräften, außer wenn in seinen großen Mund durch einen Gummischlauch direkt in den Magen Milch hineingeschüttet wurde. Der Mutter des Kindes und mir war es der Infektionsgefahr wegen nicht erlaubt, unsere frühgeborenen Babys während der Besuchszeit bei uns im Saal zu haben, so saßen wir zusammen, unterhielten uns, und ich wunderte mich über die langsam erwachenden mütterlichen Instinkte meiner Bettnachbarin. Ich fürchte nur, daß diese Instinkte nicht lange dauerten.

Ich war verrückt nach meinem Baby. Als wir nach Hause durften, mußte es noch Tag und Nacht alle drei Stunden gefüttert werden, und da jede Mahlzeit eine Stunde dauerte, war ich einige Wochen vollauf beschäftigt. Ich las Bücher über Babys und ihre Ernährung, und als meine Mutter für zwei Monate zu ihrer Familie nach Irland reiste, fuhr ich zu meiner Schwester nach Oxford, die schon zwei Babys hatte, und wir redeten über nichts anderes als über Babys, Babys, bis ich mich eines Tages plötzlich darauf besann, daß ich zeichnen konnte, und ich fühlte große Freude und Erleichterung in mir aufsteigen, als ich merkte, wie mich dieses ausschließliche Gerede über Babys zu langweilen begann, ich wieder ein normales Leben brauchte.

Ich fuhr nach London und blieb bei May Henderson in Hampstead, und als wir zusammensaßen und unsere Babys auf den Knien schaukelten, kam David Holbrook vorbei und sagte: »Ich würde zu gern wissen, wie ihr zwei reagiert hättet, hättet ihr euch so, wie ihr jetzt seid, vor einem Jahr sehen können.«

»Ich glaube, wir wären geradewegs aus dem Fenster gesprungen«, sagte May fröhlich.

Ich hatte meinen Paß zur Verlängerung und für das notwendige Visum für Berlin nach London geschickt, aber keine Antwort bekommen, bis ich hörte, mein Paß wäre verlegt worden. Dann bestellte man mich zu einem Gespräch ins Auswärtige Amt, wo man mich ein bißchen unfreundlich behandelte, mir aber schließlich ein Visum für Berlin ausstellte. Mir wurde mitgeteilt, ich könnte eine doppelte Staatsbürgerschaft annehmen, da ich mit einem Deutschen verheiratet sei, man hätte dies aber nicht gern.

René, der dünn und nervös aussah, kam von Berlin herüber, um mich abzuholen. Mit meiner Mutter, meiner Schwester

Elizabeth Shaw, Matilda Clegg und René Graetz in Lyme Regis, England, 1948

mit Familie und mit meinem artigen Baby, das nie schrie, machten wir im Seebad Lyme Regis Urlaub und flogen dann nach Berlin zurück. Der kalte Krieg verschärfte sich zusehends. Die Blockade Westberlins hatte begonnen, und wir hofften, daß die russischen MiGs nicht dicht über uns hinwegzischen würden, was damals oft passierte.

Dann wurden in Ost und West unterschiedliche Währungen eingeführt und zwei Staaten gegründet. Wir zogen über die Grenze von Zehlendorf nach Kleinmachnow in die sowjetische Zone, wo unser Geld, das wir verdienten, gültig war. Im Oktober 1949 beantragte René die Staatsbürgerschaft der gerade entstandenen DDR. Er ging zur Polizei, um seinen Personalausweis abzuholen, und brachte auch für mich einen mit. »Das haben sie mir für dich mitgegeben«, sagte er. Ich dachte daran, daß die britischen Behörden die doppelte Staatsbürgerschaft mißbilligten, aber ich hielt es nicht für so wichtig. Als ich René 1944 heiratete, verlor ich die britische

René Graetz und Tochter Anne in Onkel-Toms-Hütte, 1949

Staatsangehörigkeit und wurde als Friendly Enemy Alien (»befreundeter feindlicher Ausländer«) registriert, wie es das Gesetz damals vorschrieb. Vor einem Schiedsgericht gewann ich meine Staatsangehörigkeit teilweise zurück und wurde zu einem »naturalisierten britischen Staatsbürger«. Das Gesetz, nach dem Frauen nach der Heirat mit einem Ausländer ihre Staatsangehörigkeit verloren, wurde schließlich aufgehoben, und ich erhielt wieder den Status eines im Königreich Großbritannien und Nordirland geborenen Staatsbürgers.

Nach altem deutschem Recht wurden Frauen, die einen Deutschen heirateten, automatisch zu Deutschen, doch 1948 wurde diese Klausel im Interesse der Gleichberechtigung geändert; Ehefrauen sollten nun selbst entscheiden, ob sie die deutsche Staatsangehörigkeit beantragen wollten. Damals wußte ich davon jedoch nichts, und erst Jahrzehnte später, als 1968 das alte Reichsgesetz abgeschafft und ein neues Gesetz über die Staatsbürgerschaft veröffentlicht wurde, war es mir nach langen Verhandlungen möglich, die DDR-Staatsbürgerschaft mit der Begründung aufzukündigen, daß ich diese nie beantragt hatte. Das verhalf mir dazu, freizügiger zu reisen. Doch erst einmal, nachdem der kalte Krieg begonnen hatte, schlug die Tür hinter mir für sechs Jahre zu, in denen ich kein Ausreisevisum bekam, um das Land zu verlassen; und um sicherzugehen, mußte ich meinen britischen Paß bei den Behörden in Verwahrung geben – in meinem eigenen Interesse, wurde mir versichert.

Eine Reisebeschränkung für sechs Jahre mag jenen Generationen in der DDR, die nach 1961 herangewachsen sind, nicht sehr viel erscheinen. Die so verbreitete Forderung nach dem Recht auf Reisefreiheit wird nicht deshalb erhoben, weil die Leute darauf aus sind, sich in Jumbo-Jets zu pferchen, um an jenem verrückten Phänomen teilzuhaben, das man modernen Tourismus nennt, sondern weil sie sich darüber ärgern, daß sie nicht selbst entscheiden können, wohin und zu welchem Zeitpunkt sie reisen wollen, ob nun dienstlich oder zum Vergnügen. Diese Art von Bevormundung ist eine Beleidigung der persönlichen Würde, das habe ich genauso empfunden, besonders weil ich mich aus freiem Willen in diesem Land niedergelassen habe.

5

Die Partei, die Partei, die hat immer recht,
Die Partei, die Partei, die Partei …

Text und Musik Louis Fürnberg

In Kleinmachnow lebten auch der Musiker Ernst Hermann Meyer und seine englische Frau Marjorie, die uns mit dem Musikwissenschaftler Nathan Notowicz und dessen Frau An aus Holland bekannt machten. Sie waren gerade aus Amsterdam gekommen, und wir beschlossen, uns ein Haus mit mehreren Zimmern zu teilen und Küche und Bad gemeinsam zu nutzen.

Die meisten unserer Bekannten waren von Westberlin nach Kleinmachnow gezogen, da es durch die Westsektoren bis zur Stadtmitte nicht sehr weit war, aber als die Feindseligkeiten zwischen Ost und West zunahmen, wurde die Verbindung mehr und mehr erschwert. Die Grenze war öfter geschlossen, und wir mußten in einer langen, ermüdenden Tour die Stadt umfahren. Das bedeutete, daß wir in unserem Zusammenleben mehr aufeinander angewiesen waren. An den Wochenenden trafen wir uns bei diesem oder jenem.

Einer unserer prominenten Nachbarn war Robert Havemann. Er wohnte in einer komfortablen Villa mit Frau und Kindern, ein paar Häuser von uns entfernt. Vor nicht allzu langer Zeit war er aus der Todeszelle des Nazi-Zuchthauses Brandenburg befreit worden. Es fiel schwer, sich vorzustellen, daß dieser große, lebhafte Mann mit dem lachenden Gesicht eine so schwere Zeit hinter sich hatte. Er war ein freundlicher Mensch und nahm uns öfter in seinem Auto – damals eine Rarität – in die Stadt mit. Ihm gefiel mein großer englischer Kinderwagen, und so beschlossen wir zu tauschen, weil ich den kleineren Kinderwagen von Havemanns leichter in die öffentlichen Verkehrsmittel heben konnte. Robert war damals ein angesehener Mann, Physiker, Volkskammer-

Picknick in Kleinmachnow, 1950. Foto Priscilla Siebert
Elizabeth Shaw, René Graetz, Nathan Notowicz, Margarete Meyer, Hans Siebert, Ernst H. Meyer, I. Winternitz

abgeordneter, als Friedenskämpfer häufig auf Kundgebungen in Westberlin photographiert. Er war der erste aus unserem Kreis, der nach Moskau eingeladen wurde, und wir hörten mit Spannung zu, als er nach der Rückkehr von seinen Erlebnissen erzählte. Später zogen Havemanns, wie die meisten von uns, nach Berlin. Er lud uns in seine Wohnung am neugebauten Strausberger Platz ein, wo ein Bild vom pfeiferauchenden Stalin an der Wand hing.

»Wie kannst du noch das Bild hängen lassen?« protestierten wir nach den Enthüllungen des XX. Parteitages. Havemann lächelte verhalten in sich hinein, antwortete nicht, drehte nur die Musik auf seinem Tonband etwas lauter. Er hatte die Angewohnheit, während der Unterhaltung seine Finger an dem Gerät zu halten; er sprach, und bevor ein anderer etwas sagen konnte, ertönte laute Musik. Es war Robert Havemanns Stärke, aber auch seine Schwäche, daß er eine andere Meinung als die eigene nicht anhören konnte. In den darauffolgenden Jahren entwickelte er das Konzept eines demokratischen Sozialismus und hielt darüber Vorlesungen an der Humboldt-Universität, die ihm den Zorn des Parteiapparates einbrachten. Er wurde von der Partei, der Akademie der Wissenschaften und allen öffentlichen Posten ausgeschlossen und zog sich auf seine Datsche in Grünheide zurück.

»Es macht nichts«, sagte er, als wir ihn das erstemal dort besuchten, »ich habe genug Geld gespart. Ich kann einige Jahre ohne Einkommen leben.«

Er, der immer so großzügig gewesen war, wenn andere Geld gebraucht hatten, mußte lange aushalten. Er wurde nicht eingesperrt, für ihn hatte man ein grausameres Schicksal vorbereitet. Sein Wohnsitz wurde polizeilich überwacht, seine jungen Bewunderer wurden verfolgt. Er wurde in die totale Isolation gedrängt. Wir sahen, wie dieser robuste Mensch hager wurde und einen melancholisch verwundeten Blick bekam. Er war ein Träumer realistischer Art, und ich glaube oder möchte glauben, daß er die spätere Entwicklung vorausgesehen hat.

Aber zurück zu Kleinmachnow im Jahre 1949. Gegenüber von uns lebte der Karikaturist Herbert Sandberg, vor vier Jahren aus dem Konzentrationslager Buchenwald gekommen. Ein Stückchen weiter wohnte eine Künstlerkollegin aus London mit ihrem Mann und zwei kleinen Kindern. Für unseren internationalen Kreis war Musy Henschel eine Bereicherung, die mit dem Sohn des Verlegers Henschel verheiratet war. Als sie aus Paris kam und, an das Klavier von Notowicz gelehnt, »Sur les toits de Paris ...« sang, war René im siebenten Himmel, und ich war eifersüchtig auf diese blonde Chansonette, die mir später eine liebe Freundin wurde.

Wir Frauen teilten das Einkaufen und Kinderhüten in einer unkomplizierten und angenehmen Weise untereinander auf. Ans zweites Kind wurde in Kleinmachnow geboren, und als

Elisabeth Shaw und Tochter Anne in Kleinmachnow, 1949

echte Holländerin fuhr sie mit dem Fahrrad ins dortige Krankenhaus, ihr Mann radelte wachsam hinterher. Mein Sohn, den wir Patrick nannten, um ihn an seine irischen Vorfahren zu erinnern, wurde ein Jahr später geboren. Musy hatte mit ihrem Arzt ausgemacht, daß ich in der Charité in Berlin entbinden sollte, und als mein Sohn seine bevorstehende Ankunft recht unerwartet ankündigte, ratterten wir in einem Milchauto los, was wahrscheinlich dazu beitrug, daß er, mit den Füßen zuerst, gleich nach dem Eintreffen im Krankenhaus zur Welt kam.

Wir alle waren große Bewunderer Stalins und davon überzeugt, daß alles, was aus Moskau kam, nur Gutes sein konnte, auch wenn es manchmal etwas verwirrend war. Die Rajk-Prozesse in Ungarn schockierten uns – wie konnten altbewährte Genossen plötzlich zu gemeinen Verrätern werden? Unsere Künstlerkollegin aus London, Priscilla Siebert, kam eines Tages vorbei und erzählte uns, man glaubt, daß ihr Schwager Field ein amerikanischer Spion sei und daß er im Gefängnis sitze (lange danach wurde er rehabilitiert), ihr Mann habe daraufhin seine Arbeit verloren, und sie müßten nach Dresden ziehen. Was natürlich in ihrem eigenen Interesse sei, wurde betont. Die meisten von uns besuchten marxistische Weiterbildungskurse, entweder die Abenduniversität oder einen Kurs, der als »Stalin-Biographie« bekannt war. Sogar René, der damals ständig als formalistischer Künstler angegriffen wurde, war überzeugt, daß die Partei, der er sich verschrieben hatte, nichts Falsches machen konnte.

Abends, nachdem die Kinder ins Bett gebracht worden waren, entstand eine wunderbare Ruhe, und René und ich arbeiteten in unserem großen Wohnzimmer, oft bis in die frühen Morgenstunden. Er versuchte brav, im Stil des sozialistischen Realismus zu arbeiten, und malte immer wieder ein schlechtes Bild von einer Sitzung, das bei jedem neuen Versuch nicht besser wurde. Ich machte meine Zeichnungen für den *Ulenspiegel* und für die Tagespresse. Manchmal kam ein Notowicz vorbei, um eine Zigarette zu borgen oder zu plaudern. Es war eine gesellige Zeit.

Einmal, als ich bei Meyers vorbeischaute, um ein heißes Bad zu nehmen (sie waren die einzigen, die diesen Luxus zu bieten hatten, und ließen andere freundlich daran teilhaben),

Elizabeth Shaw und Herbert Sandberg am 1. Mai 1951

sah ich Ernst am Piano sitzen und komponieren, während der Dichter Louis Fürnberg auf und ab ging, sein Hörgerät auf dem Kopf, und sang:

»Die Partei, die Partei, die hat immer recht,
Die Partei, die Partei, die Partei ...«
So waren wir nun mal.

6

1949 arbeitete René mit Begeisterung an einem großen Wandbild in Dresden und später in der Bergbaustadt Ballenstedt zusammen mit den Malern Strempel, Mohr und Bruse. Horst Strempel leitete das Kollektiv. Sie wollten eine Wandmalerei nach mexikanischem Vorbild schaffen. Ihre Arbeit wurde jedoch in der Zeitung als formalistisch bezeichnet und scharf angegriffen, hinzu kamen heftige Auseinandersetzungen mit damaligen Kulturfunktionären. Eine der Auswirkungen davon war, daß Strempel, ein alter Nazigegner, Anfang

Elizabeth Shaw mit Horst Strempel und seiner Frau, 1953
(Die schlimme Zeit)

der fünfziger Jahre sein Bettzeug auf die Schulter nahm und nachts mit Frau und Kind nach Westberlin ging. Er kam aber vom Regen in die Traufe, denn im Westteil der Stadt herrschte die Diktatur der abstrakten Künstler, die ihn ablehnten. Nicht lange danach ging Mart Stam mit seiner Frau nach Holland zurück. Es war eine schlimme Zeit, die bei René tiefe Wunden hinterließ. Noch in seinen letzten Jahren wachte er nachts auf und erzählte von Alpträumen über den Streit damals mit Leuten, deren Namen ich schon längst vergessen hatte. Die Attacken gegen René hatten auf ihn eine seltsame Wirkung. Er begann sich zu fragen, ob seine Kritiker nicht doch recht hätten, schließlich waren sie politisch bewährte Marxisten. Er versuchte, in einem Stil zu malen, der akzeptiert werden konnte; es entstanden Arbeiten, die er später vernichtete. Dann kehrte er zur Bildhauerei zurück. Eine Zeitlang arbeitete er an einem Thälmann-Denkmal mit Ruthild Hahne, war mit der Konzeption aber nicht einverstanden und schied aus. Danach bekam er den Auftrag, ein Monument für den griechischen Freiheitskämpfer Nikos

Belojannis zu machen; im Kollektiv mit Cremer, Grzimek und Kies arbeitete er anschließend am Buchenwald-Denkmal.

René fand ein Bildhaueratelier in Pankow im sowjetischen Sektor von Berlin und ganz in der Nähe eine Wohnung. Um zurück nach Berlin zu ziehen, brauchten wir eine Genehmigung, die sich Zuzug nannte und schwer zu bekommen war. Es war wie damals, als wir in London auf die Visa für Deutschland warteten. Unsere Wohnung, vier düstere Treppen hoch, befand sich in der Kavalierstraße, die mir dunkel und schmal vorkam, und es gab keinen Garten für die Kinder. Ich vermißte die Kameradschaft unserer Nachbarn in Kleinmachnow, besonders die unter uns Frauen. Unser gesellschaftliches Leben schien mehr oder weniger aus Besuchen bei Horst Strempel und bei Mart Stam aus Holland zu bestehen, der zu jener Zeit als Direktor an der Kunsthochschule arbeitete. Beide beschwerten sich erbittert und immer wieder darüber, wie sehr sie der Zustand der Kunst und der Gesellschaft im Sozialismus desillusioniert habe, verglichen mit ihren Hoffnungen während der Weimarer Republik.

Dann waren die Kinder oft krank. Sie hatten Keuchhusten und gleichzeitig noch Masern, und ehe das vorbei war, bekam unser Sohn Scharlach und mußte ins Krankenhaus, wo er sich Windpocken holte. Inzwischen kam unsere Tochter, die mit ihrem Kindergarten Ferien gemacht hatte, mit Ruhrverdacht nach Hause und mußte ebenfalls ins Krankenhaus. Ich arbeitete damals als Karikaturist für das *Neue Deutschland*, und als man mir sagte, ich könnte meine Kinder aus dem Krankenhaus abholen, rief ich die Redaktion an und teilte ihnen mit, daß ich einige Tage freinehmen würde, um mich meiner Familie zu widmen. Wir machten Spaziergänge im Schloßpark, und ich war so damit beschäftigt, die Kinder zu pflegen, daß ich nur halb mitbekam, wie die Krise um die Normen in der Industrie sich zuspitzte und zu den Unruhen am 17. Juni 1953 führte. Als der Aufruhr begann, war ich wie gewöhnlich

Ulenspiegel, 1949.
»Wir gratulieren, Mutter Germania, Drillinge.«

mit den Kindern im Park. Auf dem Rückweg traf ich die Portiersfrau vor unserem Haus. Sie hielt mich an, um mir zu sagen, daß die Leute vor dem Lebensmittelgeschäft Schlange stünden und alles aufkauften. Würde es etwa Krieg geben? Dann erschien René mit zwölf Büchsen russischer Krabben. Er sagte, er habe nichts anderes bekommen können, aber da jeder in Panik einzukaufen scheine, habe er daran gedacht, auch etwas mitzunehmen. Eben wäre ihm mitgeteilt worden, sich bei der hiesigen Parteizentrale zu melden, und er müsse sofort los!

Ich ging hinauf und schaltete das Radio ein. Das sowjetische Militärkommando in Berlin gab bekannt, daß es die Regierungsgewalt über die Stadt übernommen habe, das Kriegsrecht würde ab Mittag in Kraft treten. Diese Durchsage wurde in Abständen wiederholt, dazwischen ertönte sonore Musik. Ich dachte, ich müßte etwas tun, rief die Redaktion des *Neuen Deutschland* an und fragte, ob ich gebraucht würde. Mein Angebot wurde mit hysterischem Gelächter und der Frage aufgenommen, wie die Situation denn in meiner Umgebung wäre. Wie ich später hörte, drängte sich ein Strom von Demonstranten durch die Innenstadt. Hauptsächlich kamen sie aus den Fabriken, wo die Unzufriedenheit mit der ökonomischen und politischen Situation den Siedepunkt erreicht hatte und die Arbeiter radikale Veränderungen forderten. Hunderte waren in den Monaten zuvor in den Westen gegangen, und es war klar, daß es so nicht weitergehen konnte.

Gegen Abend war René noch nicht zurück, und eine Nachbarin rief an, um mir zu sagen, ihr Mann sei aus demselben Grund unterwegs und ob sie nicht herüberkommen könne, da sie Angst habe. Sie war eine alte, erfahrene Antifaschistin, und ich war überrascht zu hören, daß sie sich fürchtete. Als wir zusammensaßen, vernahmen wir das schwere Rasseln vorbeifahrender sowjetischer Panzer, die im Schloßpark am Ende der Straße Stellung bezogen, wo in dem ehemaligen Schloß Ämter der Regierung untergebracht waren.

»Gott sei Dank, daß die sowjetischen Panzer in unserer Nähe sind«, sagte die alte Genossin. René kam vor neun nach Hause, da während des Kriegsrechts danach die Ausgangssperre begann. Tapfer hatte er mit den unzufriedenen Bürgern diskutiert, aber mit wenig Erfolg, sagte er.

Die sowjetischen Panzer blieben einige Tage im Park. Der Parkwächter ging aufgebracht hin und her, fuchtelte mit seinem Stock herum und beschwerte sich darüber, wie der Rasen zugerichtet wäre.

Fernamt Ost und Fernamt West, Ulenspiegel 1948

Obwohl ich von den Unruhen am 17. Juni selbst nicht viel miterlebte, schon gar nicht, was sich in der Innenstadt abspielte, hinterließen die Ereignisse doch eine nachhaltige Wirkung. Ich konnte nicht länger annehmen, daß die ganze Bevölkerung hinter der Regierung stand. An den folgenden Tagen sah man hohe Parteifunktionäre, die sich vor unserem Lebensmittelladen herumdrückten, um das Angebot zu begutachten und die Meinung der Leute zu hören. Sie mußten sich mit den Realitäten vertraut machen. Und auch ich wurde mit einem Schlag auf den Boden der Tatsachen geholt.

Mitte der fünfziger Jahre wurde das Ministerium für Kultur mit Johannes R. Becher als Minister gegründet. Heftige, sehr ernsthafte Diskussionen über Kulturpolitik fanden statt. Unter der Losung »Deutsche an einen Tisch« gab es auch von Becher organisierte Veranstaltungen in Westberlin, die ich mit René besuchte. Ich entsinne mich an einen solchen Abend, an dem Becher, Brecht, Harich und andere im Präsidium saßen. Der Saal war voll, und es herrschte eine gespannte Atmosphäre. Auf den Zuruf, warum die Sendungen des Rias im Osten gestört werden, antwortete Brecht scharf, er wäre mit der Störung solcher Hetzsendungen absolut einverstanden. Hinter uns entstand Tumult. Männer mit Schlagstöcken versuchten einzudringen, um den Diskussionen ein Ende zu machen.

Die Bemühungen, einen Ost-West-Dialog zustande zu bringen, scheiterten an den sich verhärtenden Fronten.

7

Über zehn Jahre war ich nun als Karikaturist tätig gewesen. Besonderen Spaß hatte mir die Arbeit für Sandbergs *Ulenspiegel* gemacht, mit den lebhaften Redaktionsbesprechungen und der Möglichkeit, mit Farben zu arbeiten. 1949 war es damit jedoch vorbei, die Zeitschrift war ein Opfer des kalten Krieges geworden. Dann bot mir Rudolf Herrnstadt, der Chefredakteur des *Neuen Deutschland*, eine regelmäßige Beschäftigung bei der Zeitung an, mit einem Fixum, das in einem Haushalt von Freiberuflichen, von denen einer als formalistischer Künstler in Ungnade stand, sehr nützlich war.

Elizabeth Shaw und Sohn Patrick in Kleinmachnow, 1950

Ich freute mich, mit solch einem ausgezeichneten Journalisten wie Herrnstadt zu arbeiten, dessen Artikel, unter anderem *Die Russen und wir*, bereits für Aufsehen gesorgt hatten.

Ich erhielt ein Zimmer im Redaktionsgebäude und nahm an den morgendlichen Sitzungen teil, die Herrnstadt leitete.

Mit Arne Rehahn, einem jungen Kollegen, besprach ich meist meine konkreten Aufgaben als Karikaturist. Ich mochte die Herausforderung, ein Thema gestellt zu bekommen, es zu analysieren und auf einen ganz bestimmten Punkt zu bringen. Ich fand sogar Gefallen an dem Arbeitsdruck, der durch die Abgabetermine entstand; man wurde gezwungen, sich schnell zu entscheiden, und daran gehindert, zu tief in die Materie einzusteigen. Wie ein Schauspieler freute ich mich auch über Beifall, und sicher bildete ich mir auch ein, die Meinung der Leute zu beeinflussen.

Ich studierte den Witz und den Stil von Vicky und Low sowie die Kukryniksys. Da mein Deutsch furchtbar schlecht war, kamen meine Bildunterschriften nur mit Hilfe anderer zustande, und ich verbrachte viel Zeit damit, falsch geschriebene Wörter auf meinen Karikaturen mit Weiß zu übermalen oder Fehler mit einer Rasierklinge wegzukratzen. Für eine Tageszeitung war ich zu wenig produktiv und nicht reaktionsschnell genug.

Nach dem 17. Juni 1953 gab es eine Krise im Parteiapparat, und Herrnstadt verlor seinen Sitz im Politbüro sowie seinen Posten als Chefredakteur, mit ihm seine engsten Mitarbeiter, einschließlich Arne Rehahn. Ich hatte nun keinen verständnisvollen Partner mehr, mit dem ich die Einfälle für meine Karikaturen besprechen konnte.

Die ständige Beschäftigung mit den Tagesereignissen, die für einen Journalisten unerläßlich war, wurde mir lästig. Ich konnte für die Tagespresse nicht in Farbe arbeiten, was meine Möglichkeiten als Künstler einengte. Deshalb zog ich mich allmählich davon zurück und fing an, freiberuflich für verschiedene Zeitschriften und als Buchillustrator zu Hause zu arbeiten. Das war ein finanzieller Nachteil für uns, aber ich konnte mich künstlerisch mehr entwickeln, außerdem war es für die Kinder besser.

1954 beantragte ich bei der Polizei erneut eine Ausreisegenehmigung nach England, und in der neuen politischen Si-

Zwei Berliner Kinder reisen nach England

tuation nach Stalin wurde mir diese gewahrt. Ich bekam meinen Paß zurück, den ich behalten habe, und machte mit den Kindern sechs Wochen lang einen schönen Urlaub, in dem wir Freunde und Verwandte in Devon, Essex, Oxford und London besuchten. Ich hatte großes Heimweh, und die Reise tat mir gut. Danach fuhr ich fast jedes Jahr nach England. Ich begann in zwei Ländern zugleich zu leben; in dem einen, in dem ich arbeitete und in dem mein Mann und meine Kinder zu Hause waren, und in dem anderen, dem ich mich durch die Sprache und durch Freundschaften immer noch verbunden fühlte.

8

»Das Schicksal bestimmt deine Verwandten, deine Freunde bestimmst du«, sagte der Abbé Delille vor einigen hundert Jahren. Für René, für mich und für unsere Kinder waren Freunde sehr wichtig, nicht nur, weil wir von Natur aus gesellig waren, sondern weil wir in Deutschland keine Verwandten hatten. Ich bin immer neugierig auf neue Orte und auf Menschen gewesen und nahm an, jeder wäre so, erst sehr spät habe ich herausgefunden, daß es nicht an dem ist. In den Jahren nach dem Zweiten Weltkrieg gab es jedoch viele, die, aus dem Ausland gekommen, froh waren, Menschen zu treffen, denen es ähnlich ergangen war. Wir kamen meist im Klub der Kulturschaffenden zusammen, der früher Herrenklub hieß. Dort wurde man mit Leuten bekannt gemacht, die von entfernten Orten wie Amerika oder Mexiko aus der Emigration zurückgekehrt waren oder aus den Konzentrationslagern der Nazis kamen; und natürlich war es ein Treffpunkt für Bekannte der Emigration aus London. Es war schön, englisch reden zu können und dort, bevor die Künstlerverbände existierten, über berufliche Projekte ins Gespräch zu kommen.

Es gab natürlich auch andere Treffpunkte, Pinzkes Buchhandlung zum Beispiel. Sie befand sich unter der Eisenbahnbrücke in der Friedrichstraße, wo, vor dem Regen geschützt, die Huren auf und ab paradierten. Pinzke, ein kleiner Mann mit dunklen traurig-klugen Augen, saß im Hinterzimmer und empfing Freunde, die im Vorbeigehen hereinschauten – und es waren nicht wenige. Er zeigte ihnen die bibliophilen Kostbarkeiten, die er erworben hatte. Pinzke war ein aktiver

Antifaschist gewesen und lebte in einer der kleinen Villen, die in der Nähe des Konzentrationslagers Sachsenhausen für das Wachpersonal der SS gebaut worden waren. Kurz nachdem ich 1948 mit meinem Baby aus England zurück war, hatte uns Pinzke zu einer großen Party bei sich eingeladen, wo, neben vielen anderen, alle unsere Bekannten dazusein schienen. Ein Jahr später, zur Zeit des Rajk-Schauprozesses in Ungarn, wurde ein enger Freund Pinzkes, der Kreikemeyer hieß und für die Eisenbahn zuständig war, verhaftet und eingesperrt, und wir erfuhren die traurige Nachricht, daß Pinzke Selbstmord begangen hatte.

War Freundschaft gefährlich?

Wir ahnten damals nicht und später auch nicht, welche Gefahr uns umgab – der Terror des Stalinismus, dem wir wie durch ein Wunder entkamen. In den fünfziger Jahren beauftragte mich Max Schroeder, der Cheflektor des Aufbau-Verlages, ein Buch von Mark Twain zu illustrieren. Viel früher hatte ich bereits einige Geschichten von Friedrich Wolf auf seine eigene Bitte hin mit Illustrationen versehen und hatte ihn mit Alfred Holz, der das Buch verlegte, in seinem Haus in Niederschönhausen besucht. Danach konzentrierte ich mich auf die Karikatur für die Presse, was mich mehr interessierte, und gab das Illustrieren von Büchern wieder auf. Nun begann ich vorwiegend für den Aufbau-Verlag und die kulturelle Monatsschrift *Aufbau* zu zeichnen, die von Bodo Uhse herausgegeben wurde.

Wir lernten die Uhses um das Jahr 1952 herum näher kennen, als wir in der Kavalierstraße wohnten. Es war jene düstere Zeit, als die Kunst und die Künstler wegen der Formalismusdiskussion in einer Sackgasse steckten. Die Kinder waren häufig krank, und ich vermißte immer noch das gesellige Leben in Kleinmachnow. Bodo war mit Alma, einer Amerikanerin, verheiratet, und sie wohnten außerhalb Berlins in der Nähe von Potsdam in einem Haus am Ufer eines Sees. Alma hatte ein Pferd, ging im Wald reiten und kümmerte sich

Elizabeth Shaw, von Paul Wiens fotografiert, bei den Weltjugendfestspielen in Warschau, 1955

um ihre beiden Jungen. Der ältere war der Sohn des amerikanischen Schriftstellers James Agee, mit dem Alma verheiratet war, ehe sie Bodo in Mexiko begegnete. Sie war entzückend offen und ehrlich, das Leben um sie herum schien sie aber sonderbarerweise nicht zu berühren, und sie gewöhnte sich auch nie richtig ein. Der Geruch nach Holzfeuer und Pferden erinnerte mich an den Bauernhof meiner Großmutter, Bodo lachte über meine Witze, bei denen mich die meisten Deutschen nur verständnislos anschauten, und ich fühlte mich ungezwungen und sehr zu Hause. Bodo bat mich, für die Zeitschrift *Aufbau* regelmäßig etwas beizusteuern, und wir trafen uns häufig in der Stadt zum Mittagessen. Wir besprachen die Ereignisse des Tages, und aus seinen Bemerkungen klang ein Hauch von skeptischer Ironie.

Mitte der fünfziger Jahre war Bodo Uhse gesellschaftlich sehr aktiv. Er hatte Funktionen im Schriftstellerverband, im P.E.N., in der Akademie der Künste und in der Volkskammer.

Paul Wiens, von Elizabeth Shaw fotografiert, bei den Weltjugendfestspielen in Warschau, 1955

Die Enthüllungen Chruschtschows über die unter Stalin begangenen Verbrechen trafen ihn schwer und brachten ihn in seiner Arbeit wie in seinem Privatleben aus dem Gleichgewicht. Er hatte Schwierigkeiten, den zweiten Band seines Romans *Die Patrioten* weiterzuschreiben, nachdem das wahre Verhältnis Stalins zu den deutschen Kommunisten bekannt wurde. 1957, nach dem Aufstand in Ungarn, mußte er mit Anna Seghers und einigen anderen bekannten Schriftstellern dem Schauprozeß gegen Walter Janka, Leiter des Aufbau-Verlages, beiwohnen. Bodo kannte Janka aus der Zeit der Internationalen Brigaden in Spanien sowie aus der Emigration in Mexiko. Nun war Janka wegen konterrevolutionärer Tätigkeit angeklagt. Bodo versank in tiefe Depression und sprach verzweifelt vom »armen Janka«. Er fand aber nicht den Mut – und er war nicht der einzige –, gegen die Anschuldigung zu protestieren. Auch das beschleunigte seinen Verfall. In seiner Suche nach neuen Anregungen entfremdeten sich Bodo und Alma voneinander. Alma kehrte mit ihren Söhnen nach New York zurück. Bodo starb 1963.

In der Zeit, in der ich eng mit dem Aufbau-Verlag zusammenarbeitete – ich selbst bin Janka übrigens selten begegnet –, fand in Berlin ein Schriftstellerkongreß statt, und ich wurde gebeten, einige Autoren zu karikieren. Mit Versen von Paul Wiens wurde daraus ein Buch. Ich traf mich mit Bodo und Wiens im Presseklub, um nach geeigneten Einfällen für die Karikaturen zu suchen, da es mit meinen Kenntnissen über moderne deutsche Literatur nicht so weit her war. Paul lernte ich 1955 während der Weltfestspiele in Warschau kennen, wo mich der *Eulenspiegel* hingeschickt hatte. Paul war Halbjude, er besaß einen witzigen Charme und war sehr gebildet. Er wuchs in England und in der Schweiz auf und sprach englisch und französisch. Als junger Träumer ging er zurück nach Deutschland, wurde von den Nazis verhaftet und in ein Lager gesperrt, wo er von seinen Mitgefangenen Russisch lernte. Ich konnte Paul gut leiden, und wir blieben Freunde bis zu seinem frühen Tod.

Mit dem Auftrag, Schriftsteller zu zeichnen, begann meine Porträtphase. Ich hatte in meiner Jugend öfter Skizzen von Freunden gemacht, mit einer Tendenz zur Karikatur, die nicht immer Gefallen fand. Ich erinnere mich an eine Freundin in London, Dulcie Butterfield, die mich bat, von ihr eine Zeichnung zu machen, und als ich fertig war, schaute sie das Blatt an, lächelte höflich, riß es mir aus der Hand, rief »Du kleines Biest!« und zerriß es in Stücke. Ich war total schockiert – ich hatte es nicht böse gemeint –, aber unsere Freundschaft kühlte sich danach rapide ab.

Die meisten politischen Karikaturen konnte ich nur nach Photographien arbeiten. Photographien können aber sehr täuschen, und als ich damit begann, die DDR-Schriftsteller zu porträtieren, machte ich es mir zum Prinzip, stets Skizzen von den Lebenden zu machen.

Zeichnungen haben eine bestimmte Faszination für den

Salon Sandberg

Betrachter. Ich hatte einmal das Glück, einen Tag in Tanger zu verbringen, und ich habe dort einen alten Mann auf dem Markt skizziert. Er trug einen langen braunen Mantel und benutzte die Kapuze als Einkaufstasche. Ein Brot ragte heraus. Er sah, daß ich ihn zeichnete, wurde aber nicht böse. Hätte

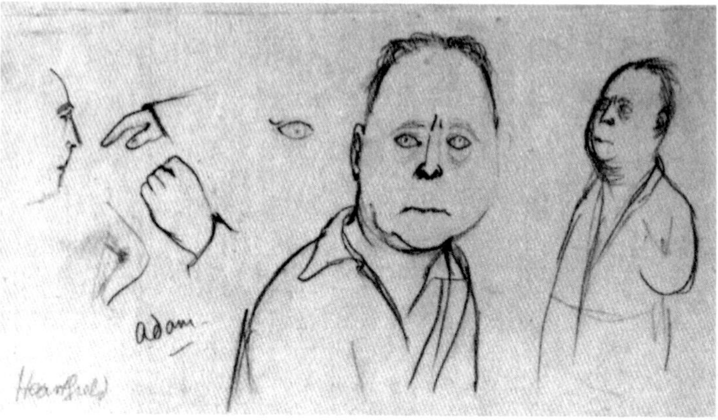

Skizzen von John Heartfield

ich ihn photographiert, wäre er vielleicht verärgert gewesen, weil das Photographieren bei vielen moslemischen Völkern als ein bißchen unheimlich empfunden wird. Bei einer Zeichnung jedoch konnte er genau verfolgen, was ich tat.

Die Schriftsteller waren begeistert von meiner Porträtserie. »Eigentlich sind wir nur Schmeichler«, sagte Wiens mißmutig zu mir. Dann bestellte die Akademie der Künste Porträts von allen Mitgliedern, ungefähr vierzig, und leichtsinnig nahm ich den Auftrag an. Es entstanden große Lithographien, ein nicht gelungenes Projekt, aber es gab mir die Möglichkeit, mich mit Vertretern anderer Künste zu beschäftigen.

John Heartfield kannte ich schon aus England, ein reiner und leidenschaftlicher Mensch. Er kehrte etwas später als die meisten Emigranten nach Deutschland zurück und erfuhr – ebenso wie sein Bruder Wieland Herzfelde aus der amerikanischen Emigration – von den Behörden einen kühlen Empfang. Die Photomontage wurde zum Formalismus gerechnet, und hätte Brecht nicht geholfen, wäre es für Heartfield noch schlimmer ausgegangen. Viel später gab es eine Heartfield-Ausstellung in der Nationalgalerie, und dabei habe ich gesehen, was für großartige Kunstwerke er geschaf-

Skizzen von Hanns Eisler

fen hat. Aber zuerst muß er sehr verletzt gewesen sein. Damals saßen René und ich in der »Möwe« beim Essen, als er vorbeikam. »Ich weiß, was du über mich gesagt hast!« rief er René zu, sehr aufgeregt, und stapfte mit wütendem Blick weiter. Wir saßen sprachlos. René hatte nicht immer eine glückliche Art, mit Menschen umzugehen. »Nicht jeder mag herzlich auf den Rücken geklopft werden!« sagte einmal unser Freund Georg Honigmann. Aber René liebte Johnny sehr und schätzte dessen offenes, impulsives Wesen, das seinem eigenen ähnlich war. Das uns unbekannte Vergehen wurde vergessen, und als unsere gemeinsamen Freunde, die Carlines, aus London zu Besuch kamen, lud uns Johnny zum Wochenende in sein Haus am Scharmützelsee ein. Auf dem Dach hatte er die schönen chinesischen Seidenfahnen gehißt, wie gewohnt, wenn Besuch da war. Johnny war ein anstrengender Gastgeber. Als wir frühmorgens im See badeten, erschien er am Ufer und trieb uns vorwärts. »Nun schwimmt! Schwimmt!« rief er uns energisch zu. Auch eine große Pilzsuche wurde im Wald organisiert. »Könnten wir nicht Pilze im Laden kaufen?« stöhnte Dick, als Johnny ihm vorwarf, nicht eifrig genug zu suchen.

Im Auftrag der Akademie habe ich auch Hanns Eisler besucht. Er öffnete sogleich eine Flasche Sekt, der Sekt schäumte, Eisler sprudelte, seine hübsche Frau Steffie schaute herein. Er war kein schöner Mann, und ich hatte bis zum letzten Moment Schwierigkeiten, ihn zu porträtieren. Als er mich zur Tür begleitete und ins Zimmer zurückging, sah ich blitzartig meine Zeichnung.

Mein Erfolg in der Porträtzeichnung führte zu einer Welle in diesem Genre. Sandberg beschäftigte sich damit, dann Harald Kretzschmar in der Zeitschrift *Eulenspiegel*. Auch ich wurde ab und zu gefragt, aber ich hatte eigentlich das Interesse auf diesem Gebiet verloren. Als die Redaktion vom *Eulenspiegel* mich allerdings bat, den alten jugoslawischen Architekten Selman Selmanagowicz zu zeichnen, auf seinen Wunsch, habe ich zugesagt. Er war mit René befreundet gewesen, hatte in den Schlachten der Formalistendebatte gelitten und war mit seinen schwarzen Augen sicher leicht zu zeichnen. Ich ging zu ihm in die Wohnung und fand ihn und seine gutaussehende ruhige Frau ziemlich unverändert. Doch Selman war sehr aufgeregt und etwas durcheinander. »Ja, ja«, sagte er, » René und ich haben uns immer sehr gestritten! Er war für den sozialistischen Realismus ...« – »Du verwechselst ihn«, murmelte seine Frau, aber er hörte nicht zu. Er ging aus dem Zimmer, kam mit frisch gekämmtem Haar zurück und nahm auf dem Sofa Platz. »Jetzt kannst du anfangen!« sagte er mir. Aber es war mir unmöglich, ihn zu zeichnen. Ich machte einige Notizen. »Ich werde es zu Hause fertigmachen«, sagte ich. Nicht lange danach starb Selman.

Ich habe keine Porträtaufträge mehr angenommen. Ich zeichne sehr gern meine Familie, aber diese Zeichnungen sind mehr im Stil der Maler- und Grafikersektion des Künstlerverbandes als der Sektion der Karikaturisten gefertigt.

Hanns Eisler

Zu jener Zeit des Schriftstellerkongresses lebte Brecht noch. Ich hatte während der Proben im Theater einige Skizzen von ihm gemacht, und seine Frau, Helene Weigel, versuchte mich dazu zu bringen, ihm Bücher mit Karikaturen von David Low zu zeigen, den er, wie sie sagte, sehr bewunderte, aber ich war zu schüchtern und betrachtete ihn nur von fern. Kurz nach dem Schriftstellerkongreß starb Brecht. Wir waren gerade in Ahrenshoop in den Ferien, zusammen mit Uhses, mit Stephan Hermlin, dem Bildhauer Fritz Cremer und dessen Frau sowie mit den französischen Schriftstellern Martine und François Monod. Als uns die Nachricht von Brechts Tod erreichte, beschlossen die Männer, zur Beerdigung nach Berlin zu fahren. Wir Strohwitwen mußten bei den Kindern bleiben. »Kommt, wir ziehen Hosen an und gehen heute abend tanzen«, sagte die überschäumende Christa Cremer, und als die Kinder im Bett waren, machten wir uns auf zum Café Niemann. Es war ziemlich voll, aber wir fanden einen Tisch und waren in guter Stimmung. Doch obwohl andere tüchtig rockten, forderte uns niemand zum Tanzen auf, und als die Männer zurückkamen, hatten wir nichts zu beichten.

Nicht lange danach bat mich Helene Weigel, einige Gedichte zu illustrieren, die Brecht für Kinder geschrieben hatte und von denen einige bisher noch nicht veröffentlicht waren. Anläßlich des 60. Geburtstages von Brecht wollte sie eine kleine Privatedition herausbringen, die nicht zum Verkauf bestimmt sein, sondern in den Schulen an die besten Schüler verteilt werden sollte. Ich beriet mich mit ihr über das Brechtsche Herangehen an die Zeichnungen, denn darauf legte sie großen Wert. Das Resultat war ein dünnes Bändchen, das heute noch ab und an als Rarität in Antiquariaten auftaucht.

Später bat mich Helene Weigel, auch an einer Matinee für Kinder im Theater am Schiffbauerdamm mitzuwirken, die auf den Gedichten und Zeichnungen basierte. Ich vollführte eine Art Zirkusnummer und zeichnete auf der Bühne, während Schauspieler die Gedichte vortrugen. Der Laie hat keine Ahnung, wieviel Zeit es kostet, ein Bild zu zeichnen, aber indem wir das Papier, für das Publikum unsichtbar, vorher an einigen Stellen markierten und dann mit großer Schnelligkeit die Punkte verbanden, schafften wir es. Ich hatte immer schreckliche Angst davor, auf die Bühne zu ge-

hen, aber ich war sehr stolz darauf, die Gage einer Schauspielerin zu bekommen – und dazu noch im Berliner Ensemble! Seit meiner Kindheit in Belfast schwärme ich für das Theater und kann endlose Proben durchhalten, fasziniert von all den Möglichkeiten, die es gibt, das Leben in Kunst zu überführen.

Als ich bei der Weigel in der Chausseestraße saß und wir uns über die Illustrationen zu Brecht unterhielten, kam ein kräftig gebauter junger Mann ins Zimmer. Er wurde mir vorgestellt – Hans Bunge, Leiter des Brecht-Archivs, und wir machten einen Termin aus, damit er mir die Brecht-Räume zeigte, wo ich die Schaukelstühle von Brecht skizzieren konnte.

Hans Bunge wurde ein lieber, guter Freund. Für einen Mann mit einem solchen Kinn konnte es keinen ebenen Weg geben. Hochintelligent und sehr eigensinnig, fing er als Regisseur bei Brecht an, aber dieser hatte schon dessen Fähigkeiten als Dokumentarist bemerkt und stellte ihn als Leiter des Archivs ein. Bunge war ein Biograph, vergleichbar Boswell in England, das heißt, er hat manchmal inszeniert, ganz

Brecht im Schaukelstuhl, 1978

instinktiv, um Licht auf einen Menschen zu werfen. Er liebte das Drama der Begegnungen. Er wollte einen bestimmten Kreis um Brecht dokumentieren, aber wenn man ihn fragte, warum er irgend einen nicht interviewt hatte, sagte er: »Ich habe es versucht, aber er gab zu fertige Antworten.«

Zu der Charakteristik eines begabten Biographen gehört ein bißchen Heldenverehrung, und so landete Bunge zeitweilig in der Bahn von Robert Havemann und mußte dafür leiden. Als er nach zwei Jahren Arbeitslosigkeit eine Stellung als Regisseur am Rostocker Theater bekam, inszenierte er Brechts *Flüchtlingsgespräche*. »Eine seltsame Mischung aus Brecht und Bunge«, sagte mir Ruth Berlau bei der Premiere, als sie neben Bunge saß, eine rote Fahne in der Hand, um sie zum Schluß zu schwenken.

Die bleibenden Arbeiten von Bunge sind seine Gespräche, wie *Fragen Sie mehr über Brecht* mit Hanns Eisler, und das Buch über Ruth Berlau, *Brechts Lai-tu*, sowie zahlreiche andere auf Band festgehaltene Dokumentationen.

Hans Bunge war außerdem der erste, der mir nach vielen Jahren in Deutschland sagte, daß er, aus einer rechtsgerichteten Familie stammend, in seiner Jugend von den Nazis begeistert gewesen war. Erst die neun Jahre, die er als Offizier in sowjetischer Kriegsgefangenschaft verbrachte, und die Begegnung mit Brecht hatten ihn verändert. Er war ein ehrlicher Mensch.

9

Wir hatten unter den Ausländern in Berlin viele Freunde. Der kalte Krieg der fünfziger Jahre führte in den USA zu einer antikommunistischen Kampagne und zur Verfolgung von Kommunisten und ihrer Sympathisanten durch den Ausschuß zur Untersuchung unamerikanischer Betätigungen, der von Senator McCarthy geleitet wurde. Viele mußten ihr Land verlassen, um nicht verhaftet zu werden. Sie gingen häufig nach Paris, und einige fanden später in der DDR eine Zuflucht. Der Sänger Aubrey Pankey mit seiner Frau Kay und auch der Karikaturist Oliver Harrington ließen sich zu jener Zeit in Berlin nieder. Sie waren in der Bewegung für die Gleichberechtigung der Schwarzen in den USA aktiv gewesen. Diese Generation von Amerikanern, die im Krieg gegen Nazi-Deutschland gekämpft hatte, mußte enorme Schranken überwinden, ehe sie sich mit einem Land arrangieren konnte, das einst ihr Feind gewesen war. Daraus erklärt sich vielleicht das holprige Deutsch, das einige nach vielen Jahren Aufenthalt hier noch sprachen.

Flüchtlinge kamen auch aus anderen Ländern, wie unsere Freundin, die griechische Dichterin Melpo Axioti, die 1948 in Paris war, als die rechtsgerichteten Obristen in Griechenland die Macht übernahmen. Sie konnte nicht nach Hause zurückkehren und ging zunächst nach Polen, wo ihr an der Universität im Fachbereich Griechisch eine Stelle angeboten wurde, dann wechselte sie zur Humboldt-Universität in Berlin. Sie lernte absichtlich kein Deutsch, weil sie glaubte, eine weitere Fremdsprache würde ihren literarischen Fähigkeiten schaden. Sie sprach mit ihren Freunden französisch, führte

Einweihung des Denkmals »Sachsenhausen«, mit Jean Effel, 1961

ein provisorisches Leben im Hotel und beherrschte gerade so viel Deutsch, um »Ein Bier bitte!« zu sagen. Sie fühlte sich natürlich sehr isoliert und einsam, und als die Herrschaft der Obristen für kurze Zeit unterbrochen war, nutzte sie die Gelegenheit und ging wieder nach Griechenland. Als die Militärs wenig später jedoch erneut an die Macht gelangten, zog sie sich auf eine kleine Insel in ihrer geliebten Ägäis zurück, wo sie dann auch starb. Ich erinnere mich, daß wir mit Melpo in Berlin in eine Kirche gingen, um Martin Luther King zu hören. Als wir dort ankamen, war die Kirche überfüllt, und die Menschenmenge schien die Türen stürmen zu wollen, bis einer der Organisatoren herauskam und bekanntgab, daß King anschließend in der Sophienkirche noch einmal sprechen würde. So rannten wir alle zur Sophienkirche, wo wir in den Bänken saßen und bis zur Ankunft Kings Kirchenlieder sangen. »Niemals hätte ich gedacht«, sagte Melpo, »in Berlin eine Revolution zu erleben!«

Das Mao-Regime in China vertrieb den Amerikaner Jay Leyda aus Peking. Zusammen mit seiner Frau, der Tänzerin Si-Lan, kam er in die DDR. Jay war ein hervorragender Experte für frühe russische Filme und half über Jahre mit beim Aufbau der Archive des damaligen Wiederaufführungskinos »Camera« in Berlin, ehe er Ende der sechziger Jahre nach New York zurückkehren konnte, um an der dortigen Universität einen Posten zu übernehmen. Ich hatte den Bruder von Jays schöner, lebhafter chinesischer Frau Si-Lan gekannt, der während des Krieges in London lebte. Er war Graphiker und hieß Jack Chen. Sie stammten aus einer interessanten Familie. Der Vater war unter Sun-Yat-Sen Außenminister gewesen, und seine drei Kinder spiegelten die russischen, jamaikanischen und chinesischen Einflüsse wider. Si-Lan war zart und zerbrechlich, Jack sah kräftig und wie ein richtiger Chinese aus, während Yolanda, die mit einem Filmproduzenten in Moskau verheiratet war, sehr jamaikanisch wirkte. Eine der Schwierigkeiten, mit denen Jay zu kämpfen hatte, war, daß die amerikanischen Behörden Si-Lan die Aufenthaltsgenehmigung für New York verweigerten, aber schließlich schafften sie es, die Erlaubnis zu bekommen. Ich sah Si-Lan zuletzt in ihrer Wohnung am Washington Square, wo sie mir in einem langen Kleid gegenübersaß. Die Tänzerin wirkte seltsam in ihrer Bewegungslosigkeit, und genau wie in Berlin ließ der leere Raum ein unstetes Leben vermuten.

Alan Winnington kam auch aus China, wo er zwölf Jahre verbracht hatte. Am Ende des Korea-Krieges verloren Alan und unser alter Freund, der Journalist Wilfred Burchett, ihre Pässe, weil sie auf seiten Nordkoreas über den Krieg berichtet hatten, und konnten deshalb nicht nach Hause zurückkehren. Als die ausländerfeindlichen Kampagnen in Peking begannen, wurde Alan als Korrespondent des *Daily Worker* nach Berlin versetzt. Alan war groß und fröhlich und sehr willkommen in unserer Ausländergemeinde, da er die chinesische Küche mitbrachte. Sein wunderbarer Londoner Humor und seine Unsentimentalität gefielen mir. Er hatte keine Hemmungen, Deutsch zu lernen, mischte sich unter die Berliner und schrieb Krimis, um sein Leben als Expatriierter interessanter und einträglicher zu machen.

Der andere englische Zeitungsmann in Berlin war John Peet. Er war in Westberlin Korrespondent für die Nachrichtenagentur Reuter gewesen. Als seine Berichte über die Wiederaufrüstung in Westdeutschland von der britischen Presse nicht gedruckt wurden, ging er 1950 demonstrativ in die DDR. Hier war er Herausgeber und Verfasser des *German Democratic Report*, eines kleinen Informationsblattes in englisch, das wöchentlich erschien und fünfundzwanzig Jahre lang eine lesenswerte Zusammenfassung der wichtigsten Ereignisse in der DDR bot. Johns Wohnung war ein Treffpunkt für ausländische Journalisten, die sich ein objektives Urteil über die Ereignisse in Berlin bilden wollten. Da die DDR damals die diplomatische Anerkennung anstrebte, leistete das Blatt der Regierung sehr gute Dienste. Sobald dieses Ziel jedoch erreicht war, fanden die Behörden Vorwände, um das Erscheinen des *German Democratic Report* einzustellen. Danach lebte John von Übersetzungen. Alan war ein Parteimensch und hatte die Unterstützung einer Organisation, wenn er Hilfe brauchte. John gehörte dagegen, abgesehen von dem Verband der Veteranen der Internationalen Brigaden in Spanien, keiner Organisation an. Deshalb kümmerte sich auch niemand darum, daß seine enormen Kenntnisse und Erfahrungen, die sein abenteuerliches Leben mit sich gebracht hatte, besser genutzt wurden. Lang und dünn wie er war, ließ er sich die unterschiedlichsten Schnurrbärte wachsen und sah oft wie die Karikatur eines Engländers aus. Zum Schluß trug er einen langen, zotteligen Bart, als ob er die Rolle eines Exzentrikers spielte, die vielleicht zu der Verbitterung paßte, die er empfand.

Chinesische Küche

Unser Freund, der italienische Maler Gabriele Mucchi, besaß eine Wohnung in Berlin, suchte aber keine Zuflucht hier. Er hatte noch eine Wohnung in Mailand. Die Bildhauerin Genni, seine erste Frau, war eine Deutsche gewesen, deshalb kannte er Berlin bereits seit den dreißiger Jahren und war mit der Stadt eng verbunden. Eine Zeitlang lehrte er Malerei an der Kunsthochschule, kam weiterhin ständig von Mailand aus zu Besuch und stellte hier wie dort seine Arbeiten aus. Für die Künstler, die häufig von seinen großzügigen Einladungen

Elizabeth Shaw mit Gabriele Mucchi, 1978.
Foto Susanne Mucchi, Milano

nach Mailand profitierten, baute er eine Brücke zwischen Italien und der DDR. Bei der Eröffnung einer Ausstellung 1987 im Magdeburger Kloster Unser Lieben Frauen, in der seine und Gennis Arbeiten gezeigt wurden, bewies Mucchi seinen Charme und seine Vitalität. Nach etlichen langatmigen offiziellen Reden von Funktionären, die das Publikum unruhig werden ließen, ergriff Gabriele das Wort.

»Ich hatte mir vorgenommen«, sagte er, »über Realismus in der Kunst zu sprechen, da aber der letzte Redner so lange gesprochen hat, habe ich beschlossen, statt dessen ein Lied zu singen.« So sang er ein italienisches Lied, und da die Akustik in der Kirche ausgezeichnet war, sang er mit seiner für 88 Jahre bemerkenswert schönen Stimme gleich noch ein Lied.

Mucchi konnte jederzeit nach Italien zurückkehren, was gut für ihn war, denn er fühlte sich als Italiener. Sein Landsmann, der Venetianer Casanova, schrieb in seinen Memoiren während der Verbannung in Triest: »Ich litt unter nostalgia, das, was die Schweizer und die Deutschen ›Heimweh‹ und die Franzosen ›Mal du Pays‹ nennen. ›Heimweh‹ ist eine tödliche Krankheit, und ich glaube wirklich, ich wäre daran gestorben, hätte ich nicht wenigstens zurückkehren und neun Jahre im Schoß des Landes verbringen dürfen, das mir gegenüber immer so eine unbarmherzige Stiefmutter gewesen war.«

Ich glaube, alle Ausländer, die ich kannte, haben irgendwann einmal diesen stechenden Schmerz gespürt, der jene

Bei Peets – frühsechziger Jahre

befällt, die fern von der Gemeinschaft leben, in der sie aufgewachsen sind. In der heutigen Welt ist es gar nicht so selten, daß Menschen gezwungen werden, ihr Land zu verlassen. Sie neigen dann dazu, als ethnische Gruppe für sich zu leben, bis die nächste Generation mit der eingesessenen Bevölkerung verschmilzt. Für den einzelnen, der sich in einem fremden Land niedergelassen hat, ist das Leben oft nicht leicht, aber das hat auch seine positiven Seiten. Man lernt, flexibel und tolerant zu sein und sich von den Fesseln der Nationalität mit ihren tiefverwurzelten Vorurteilen zu befreien, darin liegt das humanisierende Element.

10

1952 machten wir das erste Mal an der Ostsee Ferien. Zuerst kam es uns gar nicht wie das Meer vor, es gab keine Ebbe und Flut, und das grüne Gras wuchs fast bis ans Wasser heran. Wir wohnten in Kloster auf der Insel Hiddensee; sanft ansteigende Hügel, auf denen kleine weiße Bauernhäuser lagen,

Windflüchter in Ahrenshoop

Kinder mit nordisch flachsblondem Haar und überhaupt kein Verkehr. Autos waren verboten, und die Insel konnte nur von Stralsund aus mit dem Schiff erreicht werden.

Nach diesem schönen Erlebnis machten wir fast jedes Jahr an der Ostsee Ferien, meist jedoch auf dem Fischland in Ahrenshoop, das bereits seit der Jahrhundertwende ein traditioneller Erholungsort für Künstler ist. Maler wurden von den eigenartigen Lichtverhältnissen auf dem schmalen Streifen Land angezogen; auf der einen Seite kam das Licht vom stillen Bodden, auf der anderen vom bewegten Meer mit den rauschenden Wellen.

In den fünfziger Jahren brauchte es noch Ausdauer, um dorthin zu kommen. Von Berlin aus fuhr man mit der Eisenbahn nach Rostock, dann hastete man, Kinder und Gepäck schleppend, auf einen anderen Bahnsteig, um die Kleinbahn nach Ribnitz zu erwischen. Von Ribnitz nach Ahrenshoop ging es weiter mit dem Bus, der altersschwach und launisch war. Wir holperten über eine fürchterliche Straße, die immer schlechter wurde, bis der Bus schnaufend endgültig stehenblieb, wo die Straße endete, wo der Darßer

Steinsucher in Ahrenshoop

Urwald begann, wo sich die Füchse gute Nacht sagten, in Ahrenshoop.

Jedesmal überraschte uns der Kulturbund in Berlin als Platzverteiler mit neuen Quartieren: beim Bäcker, beim Frisör, bei der Post oder sonstwo. Im Bademantel wanderten wir verträumt über die sandige Straße zum Strand, wo damals große Schlachten im Gange waren, ob man oder ob man nicht nackt baden durfte, wobei die Nacktbadenden einen mächtigen Sieg errungen haben. Tagsüber brieten wir in der Sonne, erfrischten uns durch kurzes Eintauchen in eisige Wellen, abends sammelten wir uns im Saal des alten wackligen Kurhauses. Hier fanden neue Schlachten statt, ideologische, mit dem ganzen Enthusiasmus und der Naivität dieser Zeit. Wir spielten Karten, klatschten, flirteten, rockten »around the clock« im Café Niemann, es gab Lesungen und Baden um Mitternacht, Skandälchen und sonstige harmlose Geselligkeiten.

Seit jenen sorglosen Tagen ist eine feste Straße durch Ahrenshoop nach Prerow gebaut worden, die den Charakter des Seebades völlig verändert hat. Träumend über die Straße

Ahrenshoop im Winter

zu wandern ist riskant geworden, und der dröhnende Verkehr macht es für Fahrradfahrer dort gefährlicher als in Berlin. Die Kulturleute haben inzwischen eigene Wochenendhäuser auf dem Land, wo sie damit beschäftigt sind, ihren Rasen zu mähen, und haben keine Zeit mehr für jene hitzigen Dispute, wie wir sie damals so leidenschaftlich führten.

11

Ungefähr zu jener Zeit schlug Hilde Eisler, die Chefredakteurin der kleinen Monatsschrift *Das Magazin* (dessen Vorbild anfangs der englische *Lilliput* war), vor, daß ich mit der Schriftstellerin Berta Waterstradt durch das Land reisen und über Städte und Dörfer auf unterhaltsame Art berichten sollte. Ich sollte Skizzen machen und Berta Verse schreiben. Ich kannte Berta nicht sehr gut. Ich hatte sie für dieses Buch über den Schriftstellerkongreß karikiert, und sie hatte sich beleidigt gefühlt und mich im Presseclub scharf zurechtgewiesen. Trotzdem machten wir uns zu unserer ersten gemeinsamen Reise nach Rostock auf und diskutierten freundschaftlich, wie wir an unseren Auftrag herangehen sollten. Berta schlug vor, ein junges Paar zu erfinden, das zusammen auf Reisen ging, doch ich erinnerte mich an eine Reportage, die ich mit Arnold Rattenbury für *Our Time* in London gemacht hatte, und war dafür, daß wir genausogut wir selbst bleiben könnten.

Allmählich entwickelten wir auf unseren Fahrten eine bestimmte Routine. Ich überließ es der Redaktion oder Berta, das Reiseziel zu bestimmen, da ich das Land nicht so gut kannte. Wir reisten gewöhnlich bei schlechtem Wetter, denn die Redaktion konnte in der Urlaubssaison keine Hotelzimmer bekommen. An unserem Ziel angelangt, gingen wir zuerst zur Touristeninformation, falls es so etwas gab, danach in die Buchhandlung und in die Bibliothek, um uns zu erkundigen und nach Material zu fragen. Es war immer günstig, jemanden im Ort zu kennen, der interne Auskünfte geben konnte. Am Abend notierten wir uns sechs oder sieben Hauptmerkmale eines Ortes, die wir in unsere Reportage aufnehmen wollten, beispielsweise das Schloß, den Marktplatz und einige Besonderheiten. Am nächsten Tag trennten wir uns. Ich ging los, um zu zeichnen, meistens bei Regen, Wind und Nebel, was die Skizzen sehr flüchtig machte. Wenn es welche gab, kaufte ich Ansichtskarten, so konnte ich Details noch einmal überprüfen, wenn ich zu Hause die Endfassungen herstellte. Inzwischen saß Berta in Cafés und dachte nach. Sie suchte einen »Aufhänger«, wie sie es nannte, ein charakteristisches Merkmal, das Titel und Verse liefern würde. Am Abend trafen wir uns wieder und verglichen unsere Fortschritte. Hatte Berta bereits einige Strophen gedichtet, las sie diese vor, und wir stimmten Verse und Skizzen miteinander ab. Am nächsten Tag dieselbe Prozedur, dann fuhren wir zurück nach Berlin. Berta stellte ihren Text fertig und schickte ihn mir, so daß ich meine Zeichnungen beenden und das Ganze der Redaktion abliefern konnte.

Wahrscheinlich sind diese beliebten Reportagen von zwei Frauen ganz einmalig. Zwanzig Jahre lang wurden sie in unregelmäßigen Abständen fortgesetzt, und so lernte ich Orte kennen, die ich sonst nie gesehen hätte. Ich erfuhr nicht nur viel über das Land. Berta erzählte mir auch einiges über deutsche Geschichte, über ihre eigene jüdische Herkunft und über die zwei Jahre, die sie unter den Nazis im Gefängnis saß.

»Im Gefängnis ist es gar nicht so übel«, sagte sie, »wenn man sich erst einmal auskennt und sich an die Routine gewöhnt hat.« Das erste, was sie sich nach ihrer Entlassung wünschte, war ein großes Stück Cremetorte. Ihr Mann, der nicht jüdisch war, lehnte es ab, sich von ihr scheiden zu lassen, und wurde deshalb sogar eine Zeitlang in ein Lager gesteckt. Er hielt den ganzen Krieg über zu ihr – dann nahm er sich eine andere, und sie trennten sich.

Auf unseren Reisen lernten wir einander gut kennen und unsere Grenzen respektieren. Berta mit ihrer irdischen Lebensauffassung brachte mich immer zum Lachen, und ich mag Menschen, die mich zum Lachen bringen. Ich brauche sie.

Unsere Reisen führten uns meistens in Orte in der DDR, aber manchmal auch ins Ausland, zum Beispiel einmal nach Kraków. Nicht weit entfernt von Kraków liegt Katowice, woher Berta stammte, und deswegen stiegen wir auf der Rückfahrt nach Berlin dort aus. Wir wollten ihr früheres Zuhause besichtigen und fuhren mit der Straßenbahn zu einem unversehrten Platz. Berta führte mich zu einem Eckhaus. »Da ist es!« sagte sie und drehte sich abrupt um, ging zu einem Zeitungskiosk und kaufte eine Ansichtskarte für ihre Schwester in Israel. Sehr geschwind liefen wir an ihrer alten Schule vorbei, in die Berta nicht hineingehen wollte, weil sie nicht viel von ihrer Schulzeit hielt. »Jetzt zeige ich dir, wo ich meinen ersten Kuß bekommen habe!« Wir gingen in ein Kaffeehaus und bestellten eine Art Schokoladenkuchen, damals wie jetzt im Angebot.

Dieser Ausflug nach Katowice hätte als sentimentale Reise betrachtet werden können, aber Berta verkleidete das durch eine andere Aufgabe – die Suche nach einem elektrischen Heizkörper, den es in Berlin nicht zu kaufen gab und den wir in Katowice ergatterten und triumphierend nach Hause brachten.

Der Schriftsteller Günter Kunert schrieb in einer Glosse mit dem Titel *We like Berta:* »Berta, hundertprozentig irdisch, kein metaphysisches Irisieren, nichts Wundersames, geschweige denn Wunderliches, kommt und erscheint zu manchen Zeiten als verkleinerte Ausgabe der längst verschwundenen Tyche der Stadt: Berolina, Berta und Berlin erweisen sich als Synonyme: Nüchternheit und Lebenstüchtigkeit; der Wille, sich niemals unterkriegen zu lassen; eine gesunde Chuzpe, unverfrorener Witz, vereint mit Empfindungsfähigkeit, Tucholskysche Legierung von Herz mit Schnauze: Typ der typischen Berlinerin klassischer Provenienz (aus Katowice, natürlich) …«

Ohne Berta ist Berlin ärmer geworden.

Unsere *Magazin*-Reisen dauerten gewöhnlich nicht länger als drei, vier Tage, manchmal weniger. Aus einem Dorf in Mecklenburg mit dem imposanten Namen Rom fuhren wir schon am gleichen Tag zurück, weil das Dorf nur aus vier, fünf Häusern bestand. Manchmal erlebten wir auf unseren Reisen Überraschungen, wie bei unserem Ausflug in den Spreewald.

Die Redaktion hatte uns einen Dienstwagen zur Verfügung gestellt, damit wir beweglicher waren. Wir wurden früh in Berlin abgeholt. Berta beschloß, zuerst in Lübbenau Station zu machen und eine Kahnpartie zu unternehmen, anschließend nach Finsterwalde zum Hotel zu fahren und ein wenig auszuruhen. Den nächsten Tag sollte es dann nach Cottbus gehen. Doch kaum waren wir in Lübbenau, mußte erst gefrühstückt werden. Wir fanden ein Café direkt am Wasser.

»Ich nehme ein Kännchen Kaffee, ein gekochtes Ei und zwei Brötchen. Du nimmst Tee. Und Sie, Meister?«

»Ich nehme ein Kännchen Kaffee und ein Ei«, sagte ich trotzig.

»Und ich ein Omelett«, sagte der Fahrer.

»Wenn ihr alle solch ausgefallene Sachen bestellt«, sagte Berta, etwas aus der Fassung gebracht, »nehme ich eben Rührei mit Schinken.«

Es dauerte ewig, bis das Frühstück kam. Unterdessen ärgerte sich Berta mit der schlafmützigen Kellnerin herum, die nicht mal wußte, wann die Boote abfuhren.

Vor dem Café lagen lange Stak-Kähne, die man ans Ufer gezogen hatte. Wir gingen zum Verkehrsbüro am Hafen und erkundigten uns nach den Abfahrtszeiten. Gegen elf könnten wir eine Kahnpartie machen, wurde uns gesagt. Draußen füllten sich indessen die Boote mit Schulkindern, und Berta bestand darauf, in einem davon mitzufahren.

Berta in unserer Mitte, saßen wir drei also nebeneinander, und los ging die Partie. Der alte Fährmann mit seiner verwegenen Schiffermütze stand dicht hinter uns und spulte immer wieder die alte Leier ab: »Na, Kinder, wie wär's mit einem Lied! Na, Kinder, wollt ihr das Boot nicht mal von hinten fotografieren? Immer noch ein Stückchen zurück, um so besser werden die Bilder, haha!«

Zusammen mit anderen Kähnen fuhren wir schmale Wasserläufe entlang. Es war sehr kalt und windig, aber die Landschaft versöhnte; das Grün im April, die Bauernhäuser, Felder und Trauerweiden, nistende Störche. Die Touristensaison hatte gerade erst begonnen. Ab und zu begegneten uns Bauern mit ihren Kähnen, die ihrem Tagewerk nachgingen. Gummistiefel und Pullover hatten die malerische Spreewaldtracht abgelöst, und die Kähne wurden, ganz unromantisch, mit Motor betrieben. In ihnen saßen alte, mit Körben beladene Frauen, die einkaufen wollten, und ihre Söhne, die mit diesem oder jenem Ackergerät auf die Felder fuhren. Die Schilder am Ufer waren in deutsch, sorbisch und polnisch.

Schließlich machten wir an einem Restaurant und an einem Museum halt. Das Restaurant hatte geschlossen, und für das Museum interessierte sich Berta nicht, doch immerhin fühlte sie sich verpflichtet, einen kurzen Blick hineinzuwerfen. In zehn Minuten hatten wir das winzige Dorf besichtigt, und Berta und der Fahrer, mit dem unverwechselbaren Gespür der Berliner für lohnenswerte Dinge ausgestattet, verschwanden in einem unscheinbaren Lebensmittelladen.

Mit den zwanzig oder mehr lärmenden und schaukelnden Kindern im Kahn wurden wir zurück nach Lübbenau gestakt. Die Kälte machte uns nicht gerade unternehmungslustig. Frierend und alles andere als gesprächig, beschlossen wir, direkt nach Finsterwalde zu fahren. Nach der Kahnpartie von drei Stunden verlangte uns nach einem anständigen Schnaps, bei dem wir richtig schwatzen konnten. Im Auto wärmten wir uns dann erst einmal auf.

Auf einer einsamen Landstraße dreißig Kilometer vor Finsterwalde begann der Motor merkwürdig zu stottern. Wir hielten, und der Fahrer sah unter der Haube nach, fand aber nichts. Dem kalten Wind ausgesetzt, schraubte er da und dort etwas ab und war sich nicht sicher, wie es weitergehen sollte.

»Vielleicht sollten Sie zur Autobahn zurücklaufen und per Anhalter fahren«, schlug er vor. Berta saß stocksteif im Auto und weigerte sich. Sie wäre zu alt, um den Daumen in die Luft zu halten. Niemand würde sie mitnehmen.

»Und was, denkst du, sollen wir jetzt machen?« fragte ich.

»Ich weiß nicht. Der Fahrer ist schuld. Er hätte besser das Auto durchsehen sollen, als mit uns die Kahnpartie zu machen.«

Ich konnte mich für den Vorschlag, per Anhalter zu fahren, auch nicht begeistern, denn zur Autobahn war es ein ganz schönes Stück, und ich hatte eine unhandliche Zeichenmappe bei mir, die ich in Dresden abgeben wollte. Endlich kam ein Auto vorbei. Wir hielten es an, und die Fahrer ließen sich über die ewige Schererei mit dem Motor aus. Dabei erfuhren wir, daß es ohnehin nicht die Straße nach Finsterwalde war. Der kalte Wind blies über die grünen Felder hinweg, die zwischen Waldstreifen lagen, und die Nase des Fahrers fing an zu tropfen. Zum Schluß schraubte er alles wieder zusammen, und im Schneckentempo fuhren wir in die angegebene Richtung. Wir hofften, eine Hauptstraße zu erreichen, auf der uns jemand mitnehmen würde.

»Irgend etwas könnte explodieren«, sagte der Fahrer.

»Werden wir in die Luft gehen?« fragte ich leichthin.

Der Fahrer antwortete nicht, was mich beunruhigte, von Berta ganz zu schweigen, die mir später erzählte, unsere Unterhaltung hätte sie in Angst und Schrecken versetzt. Ihr einziger Gedanke war, schnellstens zurück nach Berlin zu gelangen. Bereits Tage vorher hätte sie sich vor diesem Ausflug gefürchtet, gestand sie, und nie wieder würde sie solch eine Tour mit dem Auto machen.

Wir schafften es. Wir fanden sogar das Hotel. Die Zimmer waren nicht schlecht, und es gab auch ein Restaurant. Nur hatte das *Magazin* vergessen, ein Zimmer für den Fahrer zu bestellen. Das war etwas für Berta. Sie hatte nun einen triftigen Grund, sich über das gleichgültige und unmenschliche Verhalten der Redaktion aufzuregen.

Wir gingen hinunter und bestellten etwas zum Mittag, während der Fahrer versuchte, mit Berlin zu telefonieren. Als er dann endlich auftauchte, teilte er uns mit, daß ihn am späten Nachmittag ein Auto nach Berlin schleppen würde.

»Du kannst doch mit zurückfahren«, schlug ich Berta vor, und sie stimmte bereitwillig zu. Der Gedanke, daß sie die Nacht wohlbehütet in ihrem eigenen Bett verbringen würde, munterte sie auf. Ich beschloß, im Hotel zu übernachten und am nächsten Tag nach Dresden zu fahren. Berta ging auf ihr Zimmer, um sich ein Stündchen hinzulegen, während ich mich am Bahnhof nach den Zügen erkundigte. Danach machten wir einen Streifzug durch die kleine Stadt. Wir gingen zum Buchladen, der aber nichts Besonderes hatte, und bummelten zum niedlichen roten Rathaus hinunter. Eine Art Stadtführer konnten wir nirgends auftreiben, aber wir bemerkten einen Anschlag, der auf die Bibliothek im Rathaus hinwies. Berta machte sich mit der Bibliothekarin bekannt und erklärte ihr unser Anliegen. – Ja, der Komponist des berühmten Liedes *Die Sänger von Finsterwalde* lebe noch, und er beantworte gern Fragen. Sie gab uns seine Adresse und sagte, jeder könne uns den Weg zeigen.

Der erste, den wir ansprachen, war ein sympathischer Junge, der aber kein Deutsch verstand.

»Polski?« fragte Berta.

»Russki«, antwortete er.

Der zweite, den wir fragten, verstand merkwürdigerweise auch kein Deutsch. Schließlich beschrieb uns eine Frau den Weg.

Der Komponist und seine Frau, recht betagte Leute, waren zu Hause. Sie wollten gerade in den Zirkus gehen, das große Ereignis in Finsterwalde an jenem Tag, wie ich von einem Plakat her wußte.

»Zuerst wird Frau Shaw ein Porträt von Ihnen zeichnen«, verkündete Berta. Etwas überrascht packte ich Papier und Bleistift aus, doch die alten Leute holten schnell ein paar Fotos hervor, die ich mitnehmen durfte. Der Zirkus wartete, und wir verabschiedeten uns.

Als wir zurück ins Hotel kamen, war das Auto aus Berlin bereits da. Ich verabschiedete mich von allen und wünschte ihnen eine gute Heimreise.

Am nächsten Morgen regnete es. Ich ging noch einmal

durch die Stadt und machte einige flüchtige Notizen. Das Hotelrestaurant war geschlossen, und ich frühstückte in einer Gaststätte am Markt, die sich »Sängerstadt« nannte. Ich schaute mir das Schloß an, das gerade restauriert wurde und dessen Burggraben von einem schönen Garten umgeben war. Auf dem Rückweg fielen mir große alte Türen aus dem 16. oder 17. Jahrhundert auf. Die kunstvollen Klinken, die alle verschieden aussahen, konnten nur von einem ausgezeichneten Schmied in jener Zeit gefertigt worden sein.

Ich ging viel zu früh zum Bahnhof, vertrieb mir die Zeit mit Lesen und dachte daran, wie wenig sich doch seit Gründung der Eisenbahn verändert hatte. – Dann los mit dem Zug nach Großenhain. Mittagessen im Bahnhof und wieder gelesen. Weiter nach Dresden, mit dem Taxi zum Kupferstichkabinett, wo ich die Zeichenmappe ablieferte. Zurück zum Bahnhof und mit dem Zug nach Berlin. Ankunft zu Hause unerwartet. Große Bestürzung bei René und Patrick. Sie hatten eine Unmenge Blutwurst, Porree und andere Dinge gekauft, die ich nicht mochte. Rundum gemütlich wollten sie es sich gerade machen, die Armen.

12

Karl Gossow, der für die Buchgestaltung im Aufbau-Verlag zuständig war, forderte mich immer dazu auf, Kinderbücher zu illustrieren. Ich habe das auch getan, fand aber die Texte, die ich bekam, häufig so schlecht, daß ich dachte, ich könnte es selbst besser machen. Anfang der sechziger Jahre war unsere finanzielle Lage wieder einmal kritisch, und wir mußten die Ferienplätze zurückgeben, weil wir sie nicht bezahlen konnten, so schrieb ich schnell die Geschichten *Der kleine Angsthase* und *Gittis Tomatenpflanze*. Den Kindern sagte ich, die erste Geschichte wäre dazu da, um Geld zu verdienen, das wir im Moment dringend brauchten, die zweite würde ich für

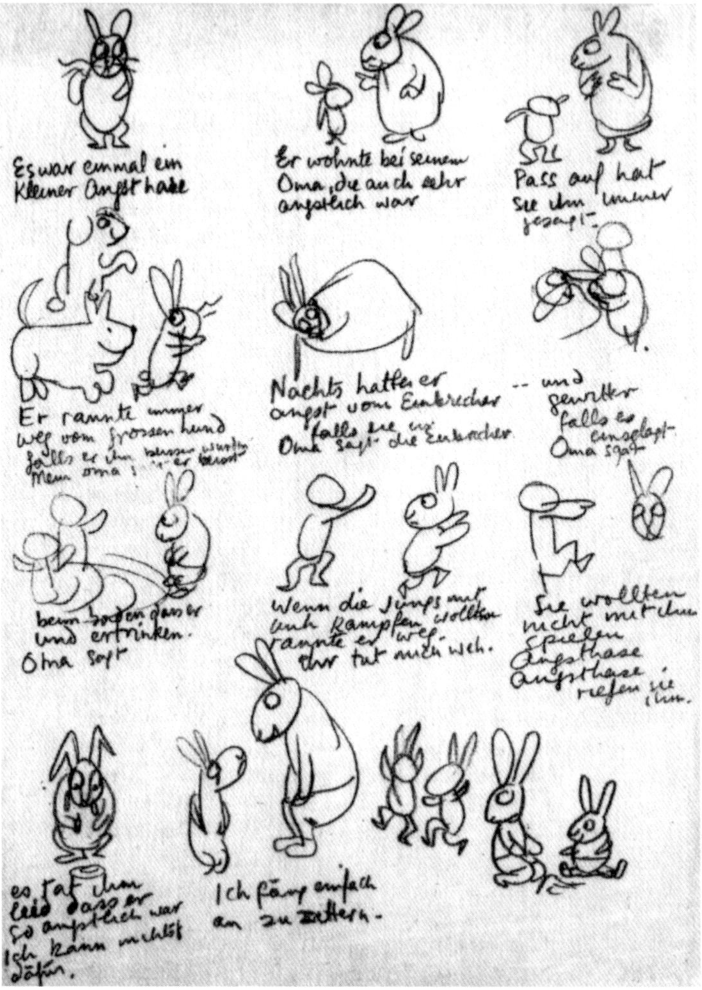

Erste Skizze zum »Kleinen Angsthasen«, Anfang der 60er Jahre

später aufheben. Auf Geld aus und sehr ungeduldig, gab ich beide jedoch gleichzeitig ab.

Der Kinderbuchverlag war zuerst ein wenig skeptisch, die karikierende Illustration in Kinderbüchern war damals neu und damit auch der relativ große Anteil weißer Flächen, doch

Illustrationen zu »Gittis Tomatenpflanze«

die Bücher wurden vom Publikum begeistert aufgenommen, und es wurden mehr davon verlangt. Unsere finanziellen Probleme waren nun gelöst, und ich wurde hauptsächlich als Kinderbuchmacher bekannt.

Ich habe mich oft gefragt, weshalb meine Kinderbücher so beliebt sind. Ich mache eins fertig, gebe es ab und fange mit dem nächsten an, ohne nochmals einen Blick daraufzuwerfen, wenn es erst gedruckt ist. Einmal wurde ich allerdings überredet, anläßlich einer Kinderbuchtagung in Schwerin in einer Schule zu lesen. Zwei Klassen waren in einen Raum gezwängt worden, um der Moralgeschichte *Bettina bummelt* zuzuhören. Kaum hatte ich angefangen zu lesen, ging ein großes Gekicher los. Nicht etwa des sprichwörtlichen Shaw-Humors, sondern meiner eigenartigen Aussprache wegen, die man in Schwerin noch nicht gehört hatte. Mit strengen Blicken und Ermahnungen sorgten die Lehrer für Ruhe. Ich las weiter und stellte plötzlich fest, wie schrecklich die Geschichte war und daß ich sie kein bißchen mochte, aber ich konnte nicht mittendrin aufhören und las bis zum bitteren Ende. Seitdem habe ich nie wieder vor einer Schulklasse gelesen. Und wenn es irgend geht, schaue ich mir Bücher, die hinter mir liegen, nie mehr an.

Manchmal werde ich gefragt, ob ich die Kinderbücher für meine eigenen Kinder geschrieben hätte, aber als ich damit anfing, waren sie bereits über das Bilderbuchalter hinaus. Als ich das erste Mal nach einer Idee suchte, dachte ich daran, wie ich als Kind gewesen war, wie oft ich Angst vor etwas hatte, und so schrieb ich *Der kleine Angsthase*. – Ich dachte daran, wie sehr ich mir einen Garten gewünscht hatte, als wir noch in Belfast lebten, so entstand *Gittis Tomatenpflanze*.

Häufig trug ich den Gedanken an ein Thema oder an eine Figur lange mit mir herum, ehe daraus ein Buch wurde. Meist schrieb ich sehr moralische Geschichten, weil ich diesen missionarischen Eifer verspüre, der mich zur politischen Karikatur gebracht hat. Ich wollte ganz bestimmte Werte wie Mut, Freundlichkeit und die Vorstellung vermitteln, daß man nicht nur für sich selbst lebt. Kinder haben ein ausgeprägtes Gefühl für Gut und Böse und einen starken Gerechtigkeitssinn, bis die Welt der Erwachsenen diese Werte durcheinanderbringt. Einige meiner Geschichten sollen einfach nur Spaß machen, weil Erwachsene häufig so ernst sind, und Kinder lieben nun mal Spaß. Einmal sah ich in einem Modehaus in Berlin einen alten Italiener, der neben seinem Enkelkind saß und ein Buch von mir übersetzte. Beide lachten herzlich, was mich glücklich machte.

Manche Leute sagen, mein Stil ist immer gleich. Habe ich erst mal einen überzeugenden Ansatz gefunden, gehen Text und Bild gut zusammen, bleibe ich dabei. Künstlerische Experimente finden auf anderen Gebieten statt.

13

Mein ganzes Leben habe ich mit Kindern zu tun gehabt. In dem Familien-Clan, in dem ich aufwuchs, waren immer Kinder jeden Alters um mich herum, und wenn ich Glück hatte, auch ein Baby. Meine mütterlichen Instinkte müssen damals bereits offensichtlich gewesen sein, denn Granny wählte mich dazu aus, die Kinder abends zu waschen und ins Bett zu bringen. Ich tat dies gern, da ich in ihnen dankbare Zuhörer für meine Geschichten fand, die ich mir beim Erzählen ausdachte. Meine Mutter hätte gerne gesehen, wenn ich Kindergärtnerin geworden wäre. Die Fachschule in Bedford war nicht weit von unserer Wohnung entfernt, so hätte sie mich in der Nähe gehabt. Ein Leben ohne große Anspannung, wie es ihr für mich ratsam erschien, wäre besser gewesen, als nach London zu gehen und sich den Künsten zu verschreiben.

Wir Mütter neigen dazu, die Fürsorge unseren Kindern gegenüber zu übertreiben. Es fällt schwer, zu begreifen, daß sie sich gewaltsam von uns lösen müssen, um ihren Ödipus- und Elektrakomplex zu überwinden und sich zu eigenständigen Persönlichkeiten zu entwickeln. Genauso, wie wir uns erst daran gewöhnen müssen, Kinder zu haben, müssen wir auch lernen, sie wieder gehen zu lassen.

Unsere Kinder, die in der DDR aufgewachsen sind, mußten sich, mit Ausländern als Eltern, eine eigene Identität aufbauen. Sie wollten wie alle anderen sein. Sie berlinerten stark und versuchten, uns zu überzeugen, die Gebräuche des Landes anzunehmen. Geduldig erklärten sie uns, daß die Gabeln auf dem Tisch nicht fehlen dürften, wenn ihre Freunde zum Abendbrot kamen.

»Was, Gabeln für Brot und Wurst?« fragte ich erstaunt.

»Letztes Mal haben sie gefragt, ob wir sehr arm wären, weil auf dem Tisch ein Krug mit Wasser zum Trinken stand«, mußte ich mir anhören.

Unsere Kinder machten uns mit merkwürdig starren, deutschen Gewohnheiten vertraut, wie zum Beispiel dem »Kaffeetrinken«, das man als Naturgesetz zu betrachten schien.

»Sie trinken nachmittags wirklich keinen Kaffee? Ach ja, aber Tee vielleicht?« fragten Bekannte erstaunt.

Und dann die Geburtstage. In England werden die Ge-

Bei einer Ausstellung »DDR-Kinderbücher in London«, 1967

burtstage ganz zwanglos und ohne viel Aufwand begangen, in Deutschland dagegen bleiben sie lebenslang ein feierliches Ritual. Der Geburtstagstisch muß unter der Last der Geschenke und Blumen förmlich zusammenbrechen, und wenn es nicht mindestens drei Sorten Torte gibt, ist das ein Zeichen, daß das Geburtstagskind nicht richtig geliebt wird. Mit jedem Jahrzehnt werden die Geburtstage wichtiger – und prunkvoller. Dem armen alten Achtzigjährigen schließlich richtet man ein solch großes Fest aus, daß es ihn fast umbringt. Das alles kommt einem Ausländer, der es nicht gewohnt ist, dem Alter eine solche Bedeutung beizumessen, sehr merkwürdig vor. Es gilt als zimperlich, sein Alter auf Befragen nicht gleich preiszugeben, andererseits ist es jedoch unmöglich, dies nicht zu tun, da jedermann einen Personalausweis mit sich führen und bei jeder Gelegenheit vorzeigen muß. Meiner alten Tante Isabel hätte das ganz und gar nicht gepaßt. Nie in ihrem Leben hat sie jemals einen Paß beantragt, denn dann hätte sie ihr Geburtsdatum angeben müssen. Nicht mal ihr Mann wußte, wie alt sie war.

Unsere Kinder machten den konservativen DDR-Alltag mit, soweit wir eine Vorstellung davon hatten. Wir kannten uns weder mit den Geburtstagszeremonien aus, noch wußten wir, was von uns zur Jugendweihe erwartet wurde. Wie es erwünscht war, traten unsere Kinder in die Jungen Pioniere und später in die FDJ ein. Nach der Schulzeit aber ging jedes seinen eigenen Weg, beruflich wie in der Wahl seines Partners.

Anne, mein erstes Kind, war sehr kräftig und selten krank. Zum Glück war sie recht gut in der Schule, denn wir konnten ihr bei den Schularbeiten nur wenig helfen, wenn es um Russisch, die erste Fremdsprache, um deutsche Grammatik oder gar um deutsche Geschichte ging. Anne las viel und war sehr zärtlich und sensibel. Da sie an der Humboldt-Universität in Berlin studierte, blieb sie relativ lange zu Hause wohnen. Sie heiratete während des Studiums und bekam ihr erstes Kind. So hatten wir nicht nur unsere Tochter bei uns, sondern auch ein Enkelkind, an dem wir uns erfreuen konnten, bis Anne in den Norden zu ihrem Mann nach Mecklenburg zog. René brachte beide in ihre neue Heimat. »Ich wußte nicht, daß es so schwer sein würde, von zu Hause wegzugehen«, sagte meine Tochter, als wir einander umarmten. Ich hatte ihr gegenüber erwähnt, René sehe es nicht gerne, nur als Fahrer betrachtet zu werden. Mit Tränen in den Augen schenkte sie ihm beim Abschied ein Paar Socken. »Das sind meine Socken der Liebe«, sagte René zu mir, als er wieder in Berlin war.

Für mich war die wachsende Selbständigkeit der eigenen Kinder, die sich in verschiedenen Phasen vollzog, immer schwierig und schmerzhaft.

Patrick, unser zweites Kind, war sehr anfällig. Er war ein reizender Junge, aufgeweckt, humorvoll und kontaktfreudig.

Er hatte ein schwaches Nervensystem, und stieg seine Temperatur bei irgendeinem beginnenden Infekt rasch an, neigte er zu Krämpfen. Das erstemal war ich furchtbar erschrocken. Mit dem Dienstwagen der Zeitung, der mich zur Arbeit bringen wollte, fuhren wir zum Krankenhaus. Ein anderes Mal, ich arbeitete gerade zu Hause, suchte mich eine völlig verzweifelte Kindergärtnerin auf und bat mich, sofort mitzukommen. Die Kinder gingen damals in einen kleinen Kindergarten gleich um die Ecke. Patrick lag wie leblos da. Ein Krankenwagen wurde geholt, und ich fuhr mit Patrick ins Krankenhaus. Während der Fahrt schaute er mich stumm und müde an, dann schlossen sich langsam seine Augen. Ich dachte, er wäre tot, und rief in meiner Angst: »Patrick!« Erschrocken schlug er die Augen sofort auf. Zum Glück waren die Anfälle vorüber, als er zur Schule kam.

In der Schule hatte er Pech mit seinen Lehrern. In den fünfziger Jahren waren die Grenzen noch offen, und zweimal geschah es, daß seine Klassenlehrer plötzlich in den Westen gingen.

»Sie ist abgehauen?« fragte ich überrascht, als ich die Neuigkeit hörte.

»Es heißt nicht abhauen«, verbesserte mich Patrick. »Es heißt: Sie hat ihren Wohnsitz gewechselt.«

Mit Patrick war ich immer gern zusammen. Manchmal unternahmen wir kleine Ausflüge in die Stadt. Einmal, er muß ungefähr acht gewesen sein, schlug ich ihm vor, ins Naturkundemuseum zu gehen, um uns die Tiere anzusehen. Er stimmte begeistert zu, doch als wir uns im Museum umschauten, war seine Bestürzung groß.

»Aber sie sind ja alle tot«, sagte er. »Wie sind sie gestorben?«

»Ach, sie sind sehr alt geworden und dann gestorben«, log ich schuldbewußt, »danach wurden sie ausgestopft.«

»Und was ist mit diesen hier?« fragte Patrick entrüstet und zeigte auf ein Nest mit ausgestopften Hamsterjungen.

Elizabeth Shaw, René Graetz und Enkelin Katrin, 1973

Wir hatten das Bedürfnis, diesen grausigen Friedhof schnellstens zu verlassen. Als wir in einen anderen Raum gehen wollten, sprach uns jemand von der Aufsicht an. »Gleich um die Ecke finden Sie die Raubvögel. Das ist etwas für den Jungen!« sagte er freundlich. Wir gingen statt dessen in die Abteilung für Geologie und schauten uns lange die Gesteinssammlung an, und die verschiedenartig gezackten oder glatten, buntglitzernden Steine wirkten beruhigend.

Patrick war immer sehr mitfühlend und hatte ein gutes Gespür für Ungerechtigkeiten. Nach dem Schulabschluß belegte er einen Lehrgang für Marktforschung. Er merkte aber bald, daß dies nicht seinen Vorstellungen entsprach, wechselte zur Pädagogik über und legte sein Diplom in Berlin an einer Spezialschule für körperbehinderte Kinder ab.

Meine Enkel haben zumindest ein echt deutsches Elternteil und deutsche Verwandte, deshalb spielt das Problem der

Identität für sie eine untergeordnete Rolle. Die beiden älteren sind an der Müritz nördlich von Berlin aufgewachsen und reden in dem singenden Tonfall der Mecklenburger. Der jüngste lebt in Berlin. Manchmal gehe ich mit ihm spazieren, und gelegentlich wird dann aus unseren gemeinsamen Erlebnissen ein Kinderbuch.

Es ist schön, eine weise alte Großmutter zu sein. Eltern denken immer, sie können den Lebensweg ihrer Kinder in irgendeiner Weise bestimmen, aber ich weiß, daß dies nicht möglich ist. An meinen Enkeln habe ich viel Spaß und Freude.

14

So, we'll go no more a-roving
So late into the night,
Through the heart be still as loving,
And the moon be still as bright.

For the sword outwears its sheath,
And the soul wears out the breast,
And the heart must pause to breathe,
And love itself have rest.

Though the night was made for loving,
And the day returns too soon,
Yet we'll go no more a-roving
By the light of the moon.

So wandern werden wir nimmer
Tief in die Spätnacht nicht,
Lebt auch die Liebe noch immer,
Glänzt auch des Mondes Licht.

Das Schwert verschließt die Scheide,
Die Seele den Leib durch ihr Tun,
Das Herz muß Frieden finden,
Die Liebe selbst muß ruhn.

Wenn Liebenden auch immer
Zu früh der Tag anbricht,
Werd ich doch wandern nimmer
Mit dir im Mondenlicht.

George Gordon Lord Byron
(deutsch von Uwe Grüning)

Anfang der sechziger Jahre erreichte der kalte Krieg seinen Höhepunkt. Die Grenze zwischen Westberlin und der DDR wurde geschlossen, die Mauer gebaut. Etwas Ähnliches war längst erwartet worden, zu viele Leute hatten die DDR bereits verlassen. Sie studierten im Ostteil der Stadt, um sich anschließend im Westen, wo die Bedingungen günstiger waren, Arbeit zu suchen. Die DDR konnte sich die weitere Abwanderung von Arbeitskräften nicht mehr leisten. Wir wohnten damals in Niederschönhausen und gingen zur Wollankstraße, um uns selbst zu überzeugen. Wir beobachteten, wie die Mauer langsam wuchs, Stein um Stein. Die Menschen standen weinend auf beiden Seiten und schwenkten Taschentücher, bis sie einander nicht mehr sehen konnten. Was den Politikern als logische Konsequenz erschien, war für die eingesessenen Berliner eine Tragödie. Aber die Berliner Mauer war nicht das erste Bauwerk dieser Art in der Welt. Die alten Römer und Chinesen hatten ihre Mauern, und auch die Wall Street in New York ist nach der Mauer benannt, die die Holländer bauten, um die britischen Truppen abzuwehren. Doch eine Mauer quer durch eine moderne Großstadt war nur in Berlin möglich, dessen Bevölkerung sich mit ihrem Schicksal abgefunden hatte. Daß diese Stadt zum Brennpunkt eines weltweiten Konfliktes geworden war, zeigte sich kurze Zeit später auf dramatische Weise während des Streits der Alliierten um den freien Zugang zum Ostsektor. Nur ein paar Schritte voneinander entfernt, standen sich in der Friedrichstraße ein sowjetischer und ein amerikanischer Panzer gegenüber, wie eine Vignette der Konfrontation der Großmächte. Erst später, wenn die Zeit herangereift ist, die Geschichte der DDR vom Standpunkt der sozialen wie der individuellen Psychologie aus zu schreiben, wird man die Wirkung des Mauerbaus in ihrem ganzen Ausmaß einschätzen können. Die Spaltung zwischen Ost und West verursachte eine weitverbreitete Schizophrenie. Die Menschen lebten im Osten, eingebunden in dessen soziale Mechanismen und Rituale, und am Abend schalteten sie zu Hause den Fernseher an und sahen West. Nur wenige konnten in den Westen reisen, für sie war es außerdem tabu, darüber zu sprechen. Dieses Doppelleben führte zu dem, was ein Psychiater die »Mauerkrankheit« nannte – zunehmende Depressionen, Frustration und Aggression. Wenn man die Menschen zählt, die an der Mauer in verzweifelter Flucht erschossen wurden, muß man auch an diejenigen, vor allem Jugendliche, mit zerstörter Psyche erinnern, die tragisch durch Selbstmord endeten.

Es dauerte nicht lange, bis wir die veränderte politische Lage zu spüren bekamen. So konnte ich nicht mehr wie vorher jedes Jahr mit meinen Kindern nach England fahren. Ich war aber froh, daß ich meinen britischen Paß wieder hatte. Ich glaube, man braucht dieses Gefühl, jederzeit die Möglichkeit zum Reisen zu haben, auch wenn man sie im Moment gar nicht wahrnimmt.

Vermutlich habe ich die Reiseleidenschaft von meinem Vater geerbt. Vor dem Ersten Weltkrieg, er war damals noch Junggeselle, sparte er sein ganzes Geld für seine Urlaubsreisen, die ihn nach Italien, Nordafrika, Norwegen, Finnland und sonstwohin führten. Einmal kehrte er von einer Reise nach Skandinavien zurück, und als sie die Nordsee überquerten, merkte er, daß er Liverpool viel zu spät erreichen würde, um von dort den Dampfer nach Belfast zu schaffen. Am nächsten Morgen mußte er zur Arbeit erscheinen. In seiner Verzweiflung telegraphierte er: »Nicht auslaufen. Ankunft verzögert sich. Shaw.« Der Eigentümer der Schiffahrtslinie

Ulenspiegel,
Adenauer: »Die Pariser Verträge sichern die Zukunft Deutschlands.«

hieß ebenfalls Shaw, und der Kapitän wartete natürlich. Mein Vater, der mit seiner alten Gladstone-Reisetasche die Gangway hochgelaufen kam, bedankte sich freundlich bei dem finster dreinblickenden Kapitän.

Jene Zeiten, in denen man häufig nicht mal einen Paß zum Reisen brauchte, lassen sich nur mit dem Durcheinander nach dem Zweiten Weltkrieg vergleichen. Ich hörte von einem Mann, der dank der verwirrenden Vielfalt von Reisedokumenten mit einer in rotes Leder gebundenen türkischen Speisekarte die halbe Welt bereiste.

»Zuerst«, sagte er, »muß man sich einen Einreisestempel für die Schweiz beschaffen, danach stempeln sie alle, je mehr Stempel, desto besser!«

Mein Vater zeigte meiner Mutter Fotos von all den Orten, an denen er gewesen war, und versprach ihr, daß sie eines Tages gemeinsam dorthin fahren würden. Dann wurden in schneller Folge drei Kinder geboren, die solchen Träumen ein Ende setzten. Als wir jedoch fünf, vier und drei Jahre alt waren, machten sie eine Reise nach Deutschland. Sie fuhren mit dem Dampfer den Rhein hinunter bis nach Mainz, wo sie bei Onkel John, einem Bruder meiner Mutter, wohnten, der dort britischer Konsul war. Wir wurden bei Granny deponiert. Zuerst erzählte mir meine Mutter, sie würden in den Schwarzwald fahren, der voller Feen wäre. Ich sollte ihr sagen, ob ich einen Wunsch hätte – falls ihr eine begegnete, würde sie diesen weiterleiten. Sag ihr, antwortete ich, daß ich nicht erwachsen werden will. Ich bin nicht sicher, ob dieser Wunsch erhört wurde, auf jeden Fall kam meine Mutter mit einer Puppenstube für uns Mädchen zurück, einem Geschenk der Schwarzwaldfee, wie sie uns erzählte.

Weil Reisen in ferne Länder mit einer so großen Familie nicht möglich waren, mieteten wir jeden Sommer an der englischen oder schottischen Küste für einen Monat ein Haus. Ein mächtiger schwarzer Schrankkoffer, ein viereckiger grünlicher und die alte Gladstone-Reisetasche standen bereits Wochen vorher im Flur und wurden nach und nach mit all den nötigen Dingen gefüllt, bis die große Expedition schließlich aufbrach; mit Cousins und Cousinen, Tanten, dem Dienstmädchen und Großtante Fanny mit ihren außergewöhnlichen Hüten. Ehe es losging, wurde ein Reiseführer studiert und die Route zu unserem Bestimmungsort diskutiert, als ob wir Reporter wären, die darüber für ein Magazin berichten wollten.

15

Wir mußten uns den neuen beschränkten Möglichkeiten anpassen. An der bulgarischen Schwarzmeerküste, dem Mittelmeer des Ostens, wo es viel Sonne und Knoblauch gab, machten wir im Journalistenheim mit der ganzen Familie Urlaub. René und ich hatten auch Gelegenheit, beruflich zu verreisen. 1964 setzte sich der chilenische Maler Venturelli dafür ein, daß René für drei Monate nach Kuba sollte, um den dortigen Künstlern beim Aufbau einer graphischen Werkstatt zu helfen. René fuhr mit einem Handelsschiff hinüber und kam mit einer großen Menge getrockneter kubanischer Pflanzen, Korallen, die er am Strand aufgelesen hatte, und zahlreichen Geschichten über seine Erlebnisse zurück.

Anfang der sechziger Jahre, als unser Freund Carline in Berlin war, sprachen wir über die Möglichkeit, ein Nationalkomitee der AIAP – so heißt die Künstlerorganisation der UNESCO – in der DDR zu gründen. Dies kam zustande, und René spielte dabei eine führende Rolle. Die vielen Sprachen, die er beherrschte, und seine Erfahrungen, die er in verschiedenen Ländern gesammelt hatte, waren eine ausgezeichnete Voraussetzung für die internationale Arbeit. Später wurde er zum Präsidenten des internationalen Komitees gewählt.

Wo immer René war, schloß er sich dem Leben im Lande an. Als er in England war, nahm er feine Manieren an. Als wir mit dem Zug durch das Berner Oberland fuhren, um seine Verwandten in Genf zu besuchen, wurde er mehr und mehr Schweizer. In Paris tauchte er sein Croissant in den Kaffee und fühlte sich absolut als Franzose. Französisch war auch seine vollkommenste Sprache. Englisch sprachen wir unter uns zu Hause. Seine Notizen machte er meist auf englisch oder französisch.

Mit den Jahren vertiefte René sich immer mehr in seine Arbeit. Er ging seinen eigenen Weg, was Formexperimente in der Bildhauerkunst und Malerei betraf. Von Natur aus war er ein geselliger Mensch, und die Isolation, in die er durch die Kontroversen über Kunsttheorie öfter getrieben wurde, war für ihn äußerst schmerzlich.

Den großen Konflikten unserer Zeit versuchte er Ausdruck zu geben, mal episch, mal lyrisch. Aber über seine Kunst ließ ich andere reden. Er war öfter über mich verärgert, weil ich, wenn er mir eine Arbeit zeigte, nur sagte, daß ich sie schön finde. »Kannst du nichts anderes sagen«, brummte er.

1974 starb René plötzlich während eines Kuraufenthaltes in Graal-Müritz. Die Nachricht erreichte mich in Berlin. Sie war für mich ein Schock, und es dauerte lange, bis ich sie begriffen hatte. Durch die merkwürdige Therapie der Träume, in denen wir uns trafen, unterhielten, stritten und unser Zusammenleben auf seltsame Weise weiterging, half die Natur, die Erschütterung zu überwinden.

Ich sorgte für seinen Nachlaß, die Malerei, Druckgrafik und Bildhauerei, und war immer mehr von seinem enormen Fleiß und der Qualität seines Schaffens beeindruckt.

16

1975 bin ich zum erstenmal allein in den Urlaub gefahren. Ich hätte für Gesellschaft sorgen können, aber ich wollte mich wirklich erholen. Ich fuhr zu einem Ort an der Ostsee, an dem ich noch niemals war, mit dem ich aber vor dreißig Jahren auf besondere Weise verbunden wurde.

Im Frühjahr 1944 hatten die Londoner ein besonders scharfes Gehör entwickelt. Es war in der Zeit der »Buzz-

Bomben«. Ich erinnere mich an die Nacht des ersten Angriffs. Die Sirene heulte, und der Donner der Luftabwehr war ungewöhnlich lange und heftig. Der Himmel war vom Feuer der Geschütze und von vielen Geschossen hell erleuchtet, die wie kleine herabstürzende Flugzeuge aussahen. Natürlich waren es keine Flugzeuge, sondern Fernraketen, Hitlers V1-Waffen, mit denen er geschworen hatte, den Krieg zu gewinnen. Wir nannten sie »Buzz-Bomben«, weil man zuerst ein immer lauter werdendes »Bzz, bzz« hörte. Wenn das Geräusch ganz laut wurde, war es ratsam, Deckung zu suchen. Dann brach das Geräusch plötzlich ab, einen Moment lang war es totenstill, dann folgte die Explosion. Wenn man die Explosion wahrnahm, lebte man noch. V2 folgte V1, wobei es kein »Bzz, bzz« mehr gab, sondern nur die Explosion, wie bei einer Granate. Beides waren reine Terrorwaffen, ohne genaues Ziel, und beide kamen aus der Versuchsstation des Herrn Wernher von Braun und anderer, die auf der lieblichen Insel Usedom lag.

Ich hatte durch Vermittlung ein kleines Zimmer in Ückeritz am Rande eines Buchenwaldes gemietet. Von einem Hügel aus, den ich hinaufgestiegen war, sah ich über die Baumwipfel hinweg eine Landschaft von ungewöhnlicher Ruhe; auf der einen Seite das brackige Achterwasser, auf der anderen die blaue Weite des Meeres. Es war eine Caspar-David-Friedrich-Landschaft; außer dem leisen Rauschen der Blätter und dem Summen der Insekten war Stille um mich; der Falke kreiste lautlos, ohne Geräusch bewegten sich die Rehe zwischen den Bäumen, und manchmal lief ein Hase auf weichen Pfoten vorbei. Ich war auch still, alleine dort oben.

Am ersten Tag war das Wetter grau und unfreundlich. Als ich in dem winzigen Zimmer mit dem riesigen Kleiderschrank aufwachte, überkam mich ein Gefühl von Panik. Warum in aller Welt bin ich auf die Idee gekommen, in diesem mir unbekannten Ort allein Urlaub zu machen! Ich widerstand dem Drang, den nächsten Zug nach Hause zu nehmen,

Usedom, am Strand

und ging zum windigen Strand hinunter, lief fünfzehn Kilometer an der Küste entlang bis nach Ahlbeck, aß in einem verräucherten, überfüllten Restaurant und fuhr mit der Bahn zurück nach Ückeritz, wo ich erschöpft ins Bett fiel und bis zum nächsten Morgen schlief. Dann nahm ich die entgegengesetzte Richtung nach Wolgast und flüchtete im Regen vor mir selbst. Am dritten Tag ermahnte ich mich: »Dieser Aufenthalt ist nicht als Urlaub zu betrachten, sondern als eine Art Kur, um Reserven anzuschaffen!«

In diesem Moment fing die Sonne an zu scheinen. Ich nahm meinen Skizzenblock und zeichnete oben auf dem Berg, badete im kalten Meer, atmete die herrlich reine Luft des Waldes und der Küste und fing an, meine Geschichtsbücher zu lesen. Am vierten Tag dachte ich mir: »Eigentlich brauche ich keine Gesellschaft. Ich bin ganz glücklich mit meinen verschiedenen Beschäftigungen!« Dann erschrak ich über mich selbst: »Wenn das so weitergeht, werde ich egozentrisch.« Und ich beschloß, am Nachmittag um fünfzehn

Uhr einige Künstlerkollegen aufzusuchen, die mir ihre Adressen gegeben hatten. Ich kam unangemeldet, störte den einen beim Mittagsschläfchen, den anderen mitten in einer wichtigen Arbeit, aber sie waren gastfreundlich und nett. Mit meiner Einsamkeit war es vorbei. Ich machte meine Frischluft-, Vielschlaf-, Ins-kalte-Meer-tauchen-Behandlung weiter, aber ich hatte neue Freunde gefunden und wußte, wohin ich gehen konnte, wenn ich von mir genug hatte.

Ich lag am Strand in der Sonne, ein Schwan schaukelte sanft auf dem ruhigen Meer, oder ich lag auf der moosbedeckten Erde im grünen Buchenwald und las meine Geschichten von Kriegen; von gewonnenen, verlorenen und von vergessenen. Ich dachte über Siege und Niederlagen nach, über die kleinen Siege über sich selbst, über die großen Siege, wie die arabische Erfindung der Ziffer Null, und über die Niederlagen unzähliger Horden machtgieriger Krieger.

Ich dachte daran, daß es noch gar nicht so lange her war, seit die Nazis in ihren braunen Uniformen an diesem Ort herumstolzierten.

17

History, Stephen said, is a nightmare
from wich I am trying to awake.

Die Geschichte, sagte Stephen, ist ein Alptraum,
aus dem ich zu erwachen versuche.

James Joyce, Ulysses

Anfang der sechziger Jahre erhielt ich einen Brief von dem irischen Dichter John Hewitt, dem damaligen Direktor der Kunstgalerie in Coventry, in dem er schrieb, er hätte den Katalog einer DDR-Ausstellung bekommen und bemerkt, daß ich in Belfast geboren wäre. Als ehemaliger Direktor des Ulster Museums dort glaubte er, alle Künstler aus Belfast zu kennen. Er lud mich ein, in Coventry auszustellen, und ich nahm freudig an. Das DDR-Kulturministerium, das sich in jener Zeit für die Anerkennung der DDR stark machte, übernahm die Organisation und druckte sogar den Katalog, mit einem Text von Werner Klemke.

»Eigentlich hätte ich den Text gerne selbst geschrieben«, sagte Hewitt bei der Eröffnung, »aber man hat mir die Arbeit abgenommen.« Er hatte den berühmten irischen Schauspieler und Designer Michael Mac Liammoír eingeladen, was meine Mutter, die mich nach Coventry begleitete, sehr beeindruckte. Es stellte sich heraus, daß Hewitt und mein Schuldirektor in Belfast, Alec Foster, alte Freunde waren, die in der linken Bewegung gearbeitet und zusammen gesungen hatten.

Ich traf John Hewitt danach noch einige Male, als mein Schwager Hugh Clegg Professor an der Universität Warwick wurde und nach Kenilworth in der Nähe von Coventry zog, dann gingen die Hewitts nach Belfast zurück.

Damals war ich gleich nach dem Krieg mit René in Irland gewesen, damit er meine Familie kennenlernen konnte. Granny, mit ihrer Fußbank und einem Tuch um ihre Schultern, war eine sanfte, kleine alte Dame geworden. Sie und René mochten einander sehr, was merkwürdig war, da beide aus so unterschiedlichen Verhältnissen stammten.

»Gehen wir ein Bier trinken«, sagte René eines Abends. In dem Pub des Nachbardorfes Whitecross wurden wir hastig in eine kleine abgesperrte Nische geführt, die für Frauen reserviert war. Es gab zwei Stühle und einen kleinen Tisch mit einer großen Aspidistra darauf, um den sündigen Anblick biertrinkender Frauen abzuschirmen. Renés Aufenthalt in Nordirland fiel ohnehin auf, als »Friendly Enemy Alien« mußte er sich im Dorf bei der Polizei anmelden. Der neugierige Polizist kam dann abends auf eine Tasse Tee vorbei.

»Granny braucht eine größere Teekanne«, sagte René und kaufte ihr als Geschenk eine riesige braune Kanne mit zwei Henkeln, um das Heben zu erleichtern.

Mit dem irischen Dichter John Hewitt in einer Arts-Council-Ausstellung von Elizabeth Shaw in Belfast, 1979

In Irland gab es kaum Spuren des Krieges. Die Republik Irland war neutral gewesen, es hatte deshalb auch in Nordirland nie an Nahrungsmitteln gefehlt. Großtante Maggie wohnte damals bei Granny.

»Wollt ihr nicht zum Tee ein winziges Ei essen?« fragte sie uns immer wieder, nachdem sie die Horrorgeschichten von Lebensmittelrationierungen gehört hatte.

Nur Belfast hatte einige deutsche Luftangriffe erlebt, größtenteils in der Nähe des Hafens. Bei einem Angriff wurde unser Haus von Brandbomben getroffen, und die obere Etage brannte aus. Ich hatte damals das Gefühl, mich in einem ruhigen Provinzstädtchen zu befinden.

Schon vor 1969 merkte ich, als ich mit meiner Mutter telefonierte, daß sie sehr mit Nordirland beschäftigt war.

»Was ist mit ihr los?« fragte ich René. »Ich erzähle über die Kinder, und sie hört gar nicht zu! Redet nur über Nordirland!«

Als sich im August 1969 die Lage verschärfte, wollte ich, neugierig geworden, unbedingt nach Irland fahren, da ich aber nur aus beruflichen Gründen reisen durfte, ging ich zum *Neuen Deutschland* und fragte, ob sie mich nicht als Sonderkorrespondenten hinüberschicken würden, womit sie einverstanden waren. So übernahm ich einen Job als Journalist, in dem ich nicht erfahren war, der mich aber mit der Situation an Ort und Stelle vertraut machte und mit führenden Leuten in Verbindung brachte.

Ich wohnte zusammen mit den meisten anderen Journalisten in einem Hotel in Belfast, und immer, wenn ich einen lauten Knall hörte, stürzte ich hinaus, um zu sehen, was los war, während die anderen Journalisten an der Bar sich nur von einem Arm auf den anderen stützten.

»Mr. Paisley wird alles in Ordnung bringen«, versicherte mir das Stubenmädchen, eine treue Anhängerin dieses protestantischen Fanatikers.

Zu jener Zeit waren gerade britische Soldaten nach Nordirland geschickt worden, um die Aufgaben der Polizeitruppen zu übernehmen, deren Ansehen durch die unverhohlenen Feindseligkeiten dem katholischen Bevölkerungsteil gegenüber gelitten hatte und die unter Kasernenarrest gestellt wor-

Barrikaden in Nordirland, 1969

den waren. Die Katholiken hatten bei der englischen Öffentlichkeit an Sympathie gewonnen und für das lang erduldete Unrecht ein offenes Ohr bei der Presse gefunden. Wir Fremden wurden schnell als interessierte und Anteil nehmende Beobachter akzeptiert.

»Kommen Sie nur herein, und sehen Sie sich an, wie schlecht wir wohnen«, forderten mich arme Leute auf der Straße auf.

»Ach, Belfast wäre nicht Belfast ohne ein bißchen Schererei«, sagte mir ein junger rothaariger Protestant in der Earl Street. »Sie haben ihre Barrikaden oben in der North Queen Street gebaut, aber abends besuchen wir einander.«

Ich setzte mich mit der Bürgerrechtsbewegung in Verbindung und bekam so eine Seite von Belfast zu sehen, die ich vorher nie entdeckt hatte: das von Katholiken bewohnte Gebiet der Falls Road. Mit ausgebrannten Autos und sperrigem Müll hatten sich diese gegen die protestantischen Schlägertrupps verbarrikadiert, die, mit Knüppeln bewaffnet, in der

Gegend der Shankill Road herumzogen, um Unruhe zu stiften. Zwischen der protestantischen Shankill Road und der katholischen Falls Road hatte die Armee Stacheldrahtverhaue errichtet. Verunsichert wirkende britische Soldaten in Kampfanzügen kauerten an den Straßenecken hinter Maschinengewehren. Wir gingen durch eine Zufahrt, die von einigen an einem Kohlenfeuer sitzenden IRA-Männern bewacht wurde, in das Gebiet, das sich »Freies Belfast« nannte. In den kleinen roten Backsteinhäusern wurde ein Informationsblatt gedruckt, das von Kindern aus dem Viertel gefaltet und verteilt wurde. Die Beteiligung von Kindern an den Auseinandersetzungen auf der Straße hatte unter Außenstehenden Besorgnis hervorgerufen, aber solange sie ein Teil der bedrohten Gemeinschaft sind, ist es für ihre Psyche vielleicht besser, wenn sie aktiv mitmachen können. Zu jener Zeit waren diese Menschen von einer bewegenden Fröhlichkeit, Begeisterung und Zuversicht ergriffen, die ganz im Gegensatz zu der nervösen, angespannten Atmosphäre stand, auf die wir im protestantischen Teil von Derry trafen.

Derry liegt an der Grenze zur Republik Irland, und die Katholiken befinden sich dort in der Überzahl. Auf der katholischen Bogside trafen wir Bernadette Devlin, die mit ihrem langen Haar, den in weißen Strümpfen steckenden Knubbelknien und ihren schwarzen Lackschuhen sehr jung aussah. »Klein Bernadette« war damals eine Art Jeanne d'Arc der Bürgerrechtsbewegung. In den Backstein-Häuserzeilen im protestantischen Derry, wo man Darstellungen von Wilhelm von Oranien an den Hauswänden findet, wurden wir augenfällig Fremde von blaßgesichtigen Frauen mit Haß und Furcht gemustert. »Sehen Sie sich das mal an!« riefen sie uns zu und drückten uns Flugblätter mit Bildern von Polizisten in die Hand, die durch Steinwürfe von Bernadette und ihren Anhängern verletzt worden waren. Keiner wußte damals, wie lange all das dauern würde.

Zehn Jahre später organisierte John Hewitt in der Arts

Council Gallery in Belfast eine weitere Ausstellung meiner Arbeiten. Ich wurde in einem Hotel im angesehenen Universitätsviertel untergebracht. Die Galerie-Leute erzählten mir, die Katholiken hätten auf dieses Hotel einen Bombenanschlag verübt, weil ein protestantisches Filmteam dort beherbergt worden war. Danach war noch ein Anschlag verübt worden, diesmal von den Protestanten, weil ein katholisches Filmteam dort abgestiegen war. Von der Versicherungssumme hatten die Besitzer einen neuen Trakt an das Hotel anbauen können. Ich sollte mir aber keine Sorgen machen, denn sie würden jetzt Schutzgelder bezahlen, an beide Seiten, außerdem wären Hotels im Moment nicht auf ihrer Liste, nur prominente Leute.

Drei Tage nach der Ausstellungseröffnung ging eine Bombe in der Nähe des Rathauses hoch und drückte die Glaswände der Galerie ein. So dauerte meine Ausstellung nicht lange.

Als ich 1969 in Belfast war, machte ich natürlich einen Spaziergang die York Street entlang. Ich war überrascht, die Ulster Bank unbeschadet vorzufinden, wuchtig, düster und vertraut wie eine alte Bekannte. Der ausgebrannte Teil war wieder aufgebaut worden, und die Bank sah aus, wie sie immer ausgesehen hatte. Ich erwartete fast, meinem Vater zu begegnen, wie er, mit Hut und Stock, zum Zeitungsladen ging.

Ich schlenderte die Earl Street hoch und sah, daß die kleinen Häuser, die etwa aus den vierziger Jahren des vorigen Jahrhunderts stammten, meist verlassen und verfallen waren. Bei einem späteren Besuch war die Bank ebenfalls verödet, die Fenster schmutzig und zerbrochen. Das Gelände sollte eingeebnet werden, um einer Schnellstraße zum Hafen Platz zu machen; und als ich das letzte Mal drüben war, wuchsen an der Ecke, an der die Ulster Bank gestanden hatte, auf einem Stückchen Rasen drei junge, grüne Bäume. Die alte Tabakfabrik wirkte schäbig und nackt, und man hatte einen freien

Blick bis hin zu den Kränen im Hafen. Der Staub unseres Hauses hat sich mit dem Dunstschleier vermischt, der über der Stadt hängt und über die Bucht von Belfast auf das offene Meer hinaustreibt.

18

Hin und her. Ins Ausland. Ins Inland. Ich bin oft unterwegs, und es gefällt mir so, neugierig wie ich bin.

Gelegentlich mußte ich nach Leipzig fahren, nicht zur berühmten Messe, sondern zur Jury für das schönste Buch des Jahres. Die Züge fahren recht früh. Meistens schlafe ich ein, aber ich versuche immer wach zu sein, wenn ich durch Wittenberg komme, um auf einen meiner geliebtesten Ausblicke zurückzuschauen: die breite, ruhige Elbe mit den alten Türmen dahinter. Zweimal bin ich bereits in Wittenberg ausgestiegen, um mir die Stadt anzuschauen.

In Wittenberg war es, wo Hamlet in die Schule ging, zu einer Zeit, als die Stadt ein Treffpunkt vieler aufsässiger Geister war. Ich war 1968 zufällig dort, zur Zeit der Studentenrevolten in Europa, und als ich in den Vitrinen im Museum die zur Schau gestellten Berichte aus dem 16. Jahrhundert über den Aufruhr an der Universität las, fiel mir die Ähnlichkeit mit den gegenwärtigen Ereignissen auf. Während der Reformation war die Wittenberger Universität ein Zentrum neuen Denkens, eine Zuflucht für kritische Meinungen und neuartige Unternehmungen. Der Engländer William Tyndale, der sich auf der Flucht befand, weil er versucht hatte, die Bibel ins Englische zu übersetzen, ging nach Wittenberg, um Luther aufzusuchen, der die Bibel bereits ins Deutsche übertragen hatte. In dieser Stadt war es auch, in der Luther seine berühmten Thesen an die Kirchentür schlug und damit die Reformation verkündete.

Die Wittenberger Universität existiert nicht mehr. Sie wurde zur Zeit Napoleons der Universität Halle angegliedert.

Das Haus, in dem Luther wohnte, ist als Museum erhalten, ebenso das von Philipp Melanchthon, Professor für Griechisch an der damaligen Universität und einflußreiche Persönlichkeit bei der Erneuerung des Denkens.

In Wittenberg gibt es auch ein kleines Museum, das mit Luthers nüchterner Botschaft wenig zu tun hat: eine Sammlung afrikanischer und ozeanischer Kunst, phantastische Masken und andere Requisiten der Hexenkunst. Das alles und die Gemälde von Cranach machen einen Besuch in Wittenberg lohnenswert, aber der Zug fährt weiter, passiert die stinkenden Schornsteine von Bitterfeld, aus denen gelber Rauch hervorquillt, der sich auf das flache Land ausbreitet, und erreicht schließlich den Leipziger Hauptbahnhof.

In der *Encyclopaedia Britannica* von 1911 wird Leipzig als Stadt beschrieben, die die größte Universität in Deutschland hat, den Sitz des Obersten Gerichtshofes des Deutschen Kaiserreiches beherbergt und die ein einflußreiches Zentrum von Musik und Literatur in Europa darstellt. Zu jener Zeit hatte Leipzig jedoch seinen Höhepunkt noch nicht ganz erreicht, denn der Hauptbahnhof, der der größte Bahnhof in der Welt werden sollte, wurde erst 1913 fertiggestellt.

Hier sind wir. Grau und gewaltig, mit hohen Gewölben, um den Qualm der Dampflokomotiven aufzunehmen, eine riesige Kathedrale des Eisenbahnzeitalters. Seit den Tagen des Salzhandels von Halle nach St. Petersburg ist dies ein Kreuzungspunkt für viele Länder Europas, die an der Leipziger Messe teilnehmen. Geht man eine der vielen Treppen hinunter und einen der vielen Ausgänge hinaus, ist man mitten in Leipzig und sieht die Leipziger Straßenbahnen, die mit atemberaubender Geschwindigkeit vor dem Bahnhof lärmend und bimmelnd hin und her sausen und den Nicht-Leipziger, der versucht, die Straße zu überqueren, anstatt den Fußgängertunnel zu nehmen, gefährlich bedrohen. Unter den Betrunkenen, die am Bahnhof herumlungern, muß es jede Menge Unfälle geben, genauso unter Kindern, die sich unvermittelt in den Verkehr stürzen. Die Straßenbahnfahrer brauchen kräftige Bremsen und haben sie auch, wie eines unserer geachteten Jurymitglieder am eigenen Leib erfuhr, als er bei einer Notbremsung gegen die Tür schlug und blutend zur nächsten Ersten-Hilfe-Station gebracht werden mußte.

Leipzig ist nicht nur ein internationales Messezentrum, sondern auch ein traditionelles Zentrum der Buchproduktion. Die strenge Zensur in der anderen großen deutschen Buchmetropole, Frankfurt am Main, veranlaßte am Ende des 17. Jahrhunderts viele Drucker, nach Leipzig zu ziehen. Der internationale Wettbewerb um das schönste Buch findet hier statt, und die Jury trifft sich in dem wuchtigen Gebäude der Deutschen Bücherei.

Die Jury tagt mehrere Tage lang von morgens bis abends an einem langen Tisch, und Berge von Büchern werden herumgereicht, die hinsichtlich der Qualität des Bindens, des Einbands, der Typographie und der Illustration geprüft werden. Plus- oder Minuspunkte werden, zusammen mit den Initialen des Jurymitglieds, auf einem Blatt Papier vermerkt, das in jedes Buch gelegt wird. Für mich war die Arbeit in dieser Jury ein Lehrgang in der Kunst des Büchermachens. Zuerst versuchte ich, meine Unkenntnis über Typographie und zahlreiche technische Fertigkeiten zu verbergen, aber ich prägte mir die kritischen Bemerkungen der Professoren ein und entwickelte allmählich ein angemessenes Urteilsvermögen.

Der ständige Nachschub von Kaffee und dick mit Butter beschmierten Wurst- und Käsebrötchen sowie die üppigen Mittagessen sollten verhindern, daß wir vor lauter Anstrengung ohnmächtig wurden.

In Leipzig lernte ich eine ganz andere Art von Künstlern kennen. Vorher hatte ich unter wilden Malern, Bildhauern und gehetzten Journalisten verkehrt, und zuerst wußte ich nicht recht, was ich von den Bücherleuten halten sollte. Ihr Auftreten war ruhig, und wenn es nicht gerade um das Büchermachen ging, bevorzugten sie harmlose Gesprächsthemen. Wir sprachen mehr über Kanarienvögel und Chrysanthemen als über Politik und andere weltbewegende Ereignisse.

Der erste Büchermacher, den ich traf, war Werner Klemke. Unsere Wege kreuzten sich kurz nach dem Krieg in den Redaktionssitzungen der Zeitschrift *Ulenspiegel*. Ich bemerkte seine Leidenschaft für gute Gestaltung und Typographie. Auf seine Bitte hin suchte ich den berühmten Typographen der Londoner *Times*, Stanley Morison, auf und überbrachte Grüße und ein Buch von Klemke. Dort im Büro der *Times* saß ein ebenso tadellos gekleideter, ruhiger Büchermacher, der mich höflich willkommen hieß.

In den fünfziger Jahren beauftragte mich Karl Gossow, künstlerischer Leiter des Aufbau-Verlages, die Fabeln von Gellert, einem Leipziger Schriftsteller aus dem 18. Jahrhundert, zu illustrieren. Horst Erich Wolter, der damalige Vorsitzende der Jury, sah meine Illustrationen, und ich wurde gefragt, ob ich nicht mitmachen wolle. Professor Wolter war ein wenig rundlich, sanftmütig und bescheiden, und wenn er liebevoll ein Buch hochhielt, über das diskutiert werden sollte, erinnerte mich das an Walt Whitmans »Camerado, this is no book,

Who touches this touches a man.«

Aber nein! Es war nicht unsere Sache, uns mit dem Schriftsteller zu beschäftigen. Wir sollten Abstand halten und die Form, nicht den Inhalt beurteilen.

Dem bekannten Buchgestalter Professor Albert Kapr begegnete ich zuerst vor einem Leipziger Theater anläßlich irgendeiner Veranstaltung. Wir wurden einander vorgestellt, und er starrte mich ungeniert an. Als wir zur Garderobe gingen, nahm er mir meinen Mantel ab und starrte mich immer noch an.

»Was«, sagte er, »und Sie sind wirklich Elizabeth Shaw?« Ich wurde etwas verlegen, als er mir ins Foyer folgte.

»Aber Sie sehen so normal aus!« sagte er.

Ich hatte die Gesellschaft der Büchermacher gern, in der

Elizabeth Shaw, Wieland Herzfelde und Werner Klemke bei der Verleihung des Käthe-Kollwitz-Preises, 1981 (Von links nach rechts)

Jury wie auch an den Abenden im Hotel, aber von Leipzig selbst blieben mir nur flüchtige Eindrücke. In der Nähe der Deutschen Bücherei befindet sich eine russische Kirche, die im Gedenken an die zweiundzwanzigtausend Russen gebaut wurde, die 1813 in der Schlacht bei Leipzig gegen Napoleon fielen. Ihr goldener Turm ist ein Wahrzeichen in diesem Teil von Leipzig. Als ich eines Tages nach einer Jury-Sitzung hineinschaute, wurde gerade ein griechisch-orthodoxer Gottesdienst abgehalten. Es erinnerte an eine Oper; Türen zum Altar, die sich öffneten und schlossen, wenn der Priester erschien, um die Kirchgänger unter einer Vielzahl von Ikonen, die von Kirchen in Rußland gestiftet worden waren, kurz zu segnen und Gebete aufzusagen. Die Priester werden bestimmt nach ihrer Fähigkeit zu singen ausgewählt. Zwei

Professor Horst Erich Wolter

junge Männer in Straßenkleidung standen vorn und sangen die Erwiderung in der Litanei auf russisch. Die drei Besucher blieben während des ganzen Gottesdienstes stehen, und da es keine Instrumentalbegleitung gab, muß der Gottesdienst denen im Mittelalter sehr ähnlich gewesen sein.

Ich besuchte einmal auch kurz das Leipziger Museum der bildenden Künste, das in Teilen jenes Gebäudes untergebracht ist, das einst den Obersten Gerichtshof des Deutschen Reiches beherbergte, wo 1933 der Prozeß gegen den Kommunisten Dimitroff stattfand. Es gibt dort einen interessanten Bestand an Malerei und Bildhauerkunst, einschließlich vieler Arbeiten von Max Klinger, der von 1857 bis 1920 lebte und dessen Schaffen mir unbekannt war. Er war einer jener Künstler, die nach dem ersten Weltkrieg für lange Zeit aus der Mode waren, wie Rosetti und seine Schule in England, aber im Moment verliert die abstrakte Schule ihren Einfluß und zeigt Anzeichen von Ermüdung, und die eigenartig morbiden, visionären Plastiken, Bilder und Radierungen von Klinger sind wieder interessant geworden. Seine Unheil verkündende Kassandra-Skulptur vermittelt ein Gefühl der Ruhe vor dem Sturm. Ich entdeckte seinen Einfluß auf Käthe Kollwitz sowie auf den Norweger Munch, was in späteren Untersuchungen bestätigt wurde. Seine Beethoven-Skulptur ist jetzt in der ausgezeichneten neuen Konzerthalle aufgestellt, dem Leipziger Neuen Gewandhaus.

Im Zentrum von Leipzig sieht man viele Ausländer und hört viele verschiedene Sprachen, nicht nur der Messe wegen, sondern auch, weil Leipzig eine Universitätsstadt ist. Studenten aus fernen Ländern gehen über den alten Marktplatz am historischen Rathaus vorbei, wo ich, glücklich über diese Ehrung, 1984 den Gutenberg-Preis der Stadt Leipzig entgegennahm, eine Auszeichnung für Büchermacher.

Nicht nur deshalb habe ich Leipzig liebgewonnen. In dieser tristen Stadt lebte für einige Zeit und starb auch der große keltische Gelehrte Kuno Meyer. Er veröffentlichte viel an irischer Lyrik, gründete 1903 in Dublin die School of Irish Learning und war 1911 Professor für Keltistik an der Berliner Universität. Seine Übersetzungen irischer Lyrik ins Englische sind die besten, die ich kenne. Eine davon steht am Anfang dieses Buches.

19

O but we dreamed to mend
Whatever mischief seemed
To afflict mankind, but now
That winds of winter blow
Learn that we were crack-pated when we dreamed.

Ach; zu ändern war unser Traum,
Wo immer Unrecht geschehn
Und Menschen traf, doch sind
Jetzt in des Winters Wind
Die Träume nur als Hirngespinst zu sehn.

William Butler Yeats,
Nineteen Hundred and Nineteen
(aus dem Englischen von Susanne Schaup)

Gegen Ende des Sommers 1971, als die Unruhen in Nordirland einen toten Punkt erreicht hatten, fuhr ich für einen kurzen Urlaub hinüber. Bei dichtem Seenebel erreichte der Dampfer aus Liverpool Belfast. Vorsichtig glitt er durch die dicke weiße Wand. Ein Schiffsoffizier stand wie festgewachsen am Bug und läutete eine Glocke, wenn wir eine Boje passierten. Sonst war nur das leise Rauschen des Wassers und das dumpfe Grollen der Nebelhörner in der undurchdringlichen Luft zu vernehmen. Die Passagiere, meist irische Arbeiter, die von ihren Jobs in England nach Hause fuhren, hatten sich in ihre Mäntel vergraben und sahen nach der stürmischen Überfahrt teilnahmslos und übermüdet aus. Einige britische Soldaten in Kampfanzügen lehnten stumm und trübsinnig an der Reling. Als wir anlegten, begegneten uns die starren, angespannten Blicke der Angehörigen eines Kommandotrupps am Kai. Auf dem Weg zum Bahnhof traf ich in den ausgestorbenen Straßen nur ein paar Hafenarbeiter mit grimmigen Gesichtern. Das war keine Stadt, die zum Verweilen einlud, und ich war froh, aus dieser bedrückenden Atmosphäre hinauszukommen, in ein anderes Irland, in den Westen der

Rosses Point, Irland

Republik, wo ich in dem kleinen Dorf Rosses Point am Atlantischen Ozean einige Tage verbringen wollte.

Als ich am späten Nachmittag in Sligo ankam, fand ich ein kleines Hotel in der Nähe des alten Hafens, wo Schwäne in dem wirbelnden Wasser der hereinkommenden Flut kreisten.

»Wollen Sie lange bleiben?« fragte die schlampige Wirtin, als sie eine Zigeunerin wegscheuchte, die mit ihrem Baby auf dem Arm an der Tür bettelte. »Nur eine Nacht«, sagte ich, »morgen fahre ich weiter nach Rosses Point.« So machte sie sich nicht die Mühe, das Bettzeug zu wechseln, wie ich später feststellte, aber nach der schlaflosen und stürmischen Nacht auf dem Schiff gab ich nicht viel darauf.

Den Abend verbrachte ich im nahe gelegenen Rathaus, wo der Sligo Drama Circle Synges *Die Nebelschlucht* spielte.

Früh am nächsten Morgen fuhr ich mit dem Bus einige Meilen an einem Meeresarm entlang nach Rosses Point, wo ich problemlos ein Zimmer über der Dorfkneipe fand. Rosses Point liegt südlich der Grenze zu Nordirland, und viele Urlauber kommen von Derry und sogar von Belfast.

»Dieses Jahr waren nicht viele hier«, sagte meine Wirtin, »sie haben Angst, ihre Häuser zu verlassen. Sie könnten ja niedergebrannt werden, wenn sie leer stehen.«

Rosses Point ist ein von breiten Sandstränden umgebenes

Fischerdorf an der Spitze eines Meeresarmes. Auf der einen Seite erhebt sich der Tafelberg Ben Bulben, auf der anderen die lange Kette der Ox Mountains, die sich bis zu der wilden, steinigen Landschaft von Connemara erstreckt. Die wirbelnden Wasser der Bucht fließen bis nach Sligo hinein, und in der Mitte der Strömung steht eine eiserne, rot und blau gestrichene Statue in der Seemannskluft des frühen 19. Jahrhunderts, die »Metal Man« genannt wird. Sie hält eine Laterne, um die Fischerboote durch die Sandbänke hinaus ins offene Meer zu geleiten.

Der Dichter Yeats war mit der Grafschaft Sligo eng verbunden, und die Touristenindustrie hat diese Gegend Yeats Country getauft.

»War Yeats nicht Protestant? Ich hätte nicht gedacht, daß er hier so beliebt sein wurde«, bemerkte ich einmal hinterhältig zu einem netten Mann, der mich in seinem Auto mitnahm.

»Kein Ire zählt etwas, bis er tot ist«, erwiderte er.

Am nächsten Morgen brach ich mit Schirm und Skizzenbuch auf, um querfeldein zum Friedhof nach Drumcliff zu wandern, wo Yeats begraben liegt. Der Meeresarm der Sligo-Bucht folgt mit seiner schnellen Strömung den weißgetünchten Häusern der Dorfstraße von Rosses Point. An dieser Stelle warf Onkel Pat meinen Vater ins Wasser, um ihm das Schwimmen beizubringen, und verleidete ihm so diesen Sport für sein ganzes Leben. Unterhalb der üppigen Fuchsienhecken mit ihren roten und violetten Blüten liegt Memory Harbour, ein seltsamer Name, gemalt von Jack Yeats, dem Bruder des Dichters.

»Wie alle Künstler, die einen gewissen Grad an Universalität erreichen, ist Yeats eng mit dem Lokalen und Besonderen verbunden«, schrieb John Berger in *Leben und Tod eines Künstlers*. »Cézanne erscheint formalisiert, bis man die Provence mit seinen Augen gesehen hat. Yeats kommt einem zu lebhaft und zu ungezwungen vor, bis man die Westküste Irlands beobachtet hat. Beobachten ist das richtige Wort, denn die Landschaft dort ist nichts Feststehendes und stellt sich als eine schnelle Abfolge von Ereignissen dar. Das Land selbst ist dabei so unveränderlich, wie nur ein Sumpf sein kann. Am Himmel spielt sich alles ab.«

Am Ausgang des Dorfes ging ich in Richtung Norden einen Weg hoch, der in einem Steinbruch endete. Ich folgte einem Pfad, der nach rechts durch langes nasses Gras lief, und beschloß, meine Schuhe auszuziehen, ehe sie völlig durchgeweicht sein würden. Mir machte es Spaß, barfuß zu laufen und die saubere, schlammige Erde quatschend durch die Zehen quellen zu lassen; ich finde, das ist in diesem feuchten, schlangenlosen Land die beste Art zu wandern. Ich kletterte über einen Zaunübertritt und gelangte auf eine Wiese, die an der höchsten Stelle des Hügels lag. Graue, mit Flechten bewachsene Steine schauten aus dem Gras hervor, in dem blaßblaue Glockenblumen und die seltenen reinweißen Blumen wachsen, die man bei uns Gras von Parnassos nennt. Braune und weiße Schmetterlinge flatterten in der Sonne über Büschel von gelbem Ginster und purpurfarbener Heide.

Plötzlich wurde ich von Gewehrschüssen in der Nähe aufgeschreckt. Für ein Rebhuhn gehalten und in diesem Land

Drumcliff Bay & Ben Bulben, Irland

toter Helden erschossen zu werden wäre ein blödsinniges Ende, dachte ich und machte, daß ich den Hügel wieder hinunterkam. In einem kleinen Tal wusch ich mir in einem klaren, von grünen Binsen gesäumten Teich den Schlamm von den Füßen und kletterte den nächsten Hügel hoch. Hier bot sich mir ein herrlicher Blick auf die Bucht von Drumcliff. Die blaue, sich leicht kräuselnde Wasserfläche lag zwischen mir und dem grünen Berg Ben Bulben. Dort, wo eine Wolkenschar sich an der Berghöhe ausruhte, konnte ich die graue Kirchturmspitze von Drumcliff sehen. Ich setzte mich auf einen von der Sonne erwärmten Stein, um die Landschaft zu zeichnen. Weit und breit war niemand zu sehen, nur eine kleine schwarze Kuh wandte ihren Kopf zu mir herum und schaute mich eine Weile mit neugieriger Besorgnis an, ehe sie weitergraste. Ein leichter, weicher Regen fiel auf meine Zeichnung, und ich beschloß aufzubrechen. So weit ich die Strecke überblicken konnte, mußte man der Straße folgen, die an der Bucht entlanglief, was länger dauern würde, als ich gedacht hatte. Als ich die Straße erreichte, zog ich meine Schuhe wieder an und hielt beim Weiterlaufen nach einer Abzweigung nach links Ausschau, um nach Drumcliff abzukürzen. Eine Stimme hinter der Hecke an der Straße überraschte mich.

»Ein schöner Tag heute«, hörte ich, und dann, etwas gekränkt, weil ich nicht gleich geantwortet hatte: »Na, wie geht es Ihnen denn?«

Ich hatte die liebenswürdige Höflichkeit der Leute auf dem Land vergessen, aber als ich mich später nach dem Weg erkundigte, war ich schon besser darauf eingestellt. Ein alter Mann erklärte mir, es wäre bei Ebbe möglich, die Abkürzung durch die Bucht zu nehmen, was er mir aber nicht raten würde. Ich solle bis zur Hauptstraße gehen und dann nach links abbiegen. »Was für ein schöner Tag heute«, sagte er zum Schluß, und ich stimmte ihm zu. Es goß gerade in Strömen, doch ich wußte, was er meinte; er wünschte sich, daß es ein schöner Tag wäre, das hätte uns beide erfreut.

Trotz seines Ratschlags bog ich in einen Wiesenweg ein, der zur Bucht hinunter steil abfiel. Auf dem Weg kam mir eine Dame entgegen, die mich freudig begrüßte, als hätten wir uns gerade auf einer Party getroffen.

»Nach Drumcliff!« rief sie aus. Ja, dieser Weg wäre möglich, »aber in dem Morast sind Sie mit Ihren weißen Schuhen verloren. Auf der Straße nimmt Sie bestimmt jemand mit.« Sie begleitete mich bis zur Hauptstraße. »Ich würde selbst mit nach Drumcliff kommen, aber ich muß jetzt woandershin!«

Auf der Hauptstraße sah ich, wie in der Werbung, einen von Pferden gezogenen Zigeunerwagen für Touristen: »Bereisen Sie Irland mit Muße!« Der Planwagen wirkte wie eine große offene Blechbüchse, die bemalt und umgekippt worden war. Ein finster dreinblickender junger Mann mit Bart saß vorn und hielt die Zügel in der Hand, ein anderer ging hinterher. Auf der anderen Straßenseite campten einige Zigeuner, in Irland Tinkers genannt, deren Sachen auf den Hecken, die die benachbarten Felder begrenzten, ausgebreitet waren. Sie hatten ihren Pferdewagen gegen einen feinen Caravan eingetauscht.

Ein Milchauto hielt und nahm mich bis zur Kirche von Drumcliff mit, dem Haltepunkt der Reisebusse.

Cast a cold eye On life, on death. Horseman, pass by!	Kalt blicke du Auf Leben, Tod, Reiter, reit zu!

Inschrift auf Yeats' Grabstein
Zitat aus Unter Ben Bulben
(deutsch von Werner Vordtreide)

Neben dem Grab von Yeats sind die Ruine eines alten irischen Rundturms und ein hohes Steinkreuz zu sehen. Beides stammt aus dem keltischen Irland, aus der Zeit vor dem 12. Jahrhundert, jener bedeutenden Periode in der irischen Kunst, die auch die ornamentreichen und merkwürdig orientalisch anmutenden illustrierten Handschriften hervorgebracht hat.

Ich wanderte herum und schaute mir die Gräber meiner in diesem Gebiet größtenteils ausgestorbenen Vorfahren an; kleine Grundbesitzer und Bauern aus der Zeit Cromwells. Ein Jahr zuvor, als ich mit einem meiner Brüder durch diese Gegend kam, machten wir bei Branchfield vor dem Haus der Familie meiner Großmutter halt, einem einsamen Gehöft am Fuße der braunen Ox Mountains, wo noch ein Cousin von uns lebt. Wider Erwarten wurden wir mit kühler Zurückhaltung empfangen, was in diesem Teil des Landes ungewohnlich ist. Als wir unser Verwandtschaftsverhältnis eindeutig nachgewiesen hatten, erklärte uns Pat, unser Cousin, daß vor einer Woche einige Amerikaner ein Gehoft in der Nachbarschaft aufgesucht und behauptet hatten, dies wäre der Sitz ihrer Vorfahren; sie tranken das Haus leer und zogen zum nächsten Gehöft, wo sie dieselbe Geschichte erzählten.

Cousin Pat stand auf und holte aus der hintersten Ecke des Küchenschrankes eine Flasche Rose's Lime Juice hervor, zögerte plötzlich und fragte uns: »Seid ihr Pioneers?«

»Nein«, sagte mein Bruder schnell. Er war Student im Trinity College in Dublin gewesen und wußte, was gemeint war. Die Pioneers gehörten zu der Temperenzlerbewegung, die im 19. Jahrhundert vom Kapuzinerpater Father Mathew ins Leben gerufen worden war, der als »Apostel der Abstinenz« einen Feldzug gegen den Alkoholkonsum geführt hatte. Eine Statue von ihm steht, neben anderen Nationalhelden, einschließlich des Mannes, der das Wasserwerk errichtete, in Dublins Hauptstraße. So nahmen wir alle einen Schluck von dem hochprozentigen Schnaps, »poteen« genannt, der auf dem Land illegal gebrannt wird. Nun, da das Eis gebrochen war, holte Pats lockenköpfige Frau Fotos von ihren Kindern hervor, die alle Irland verlassen hatten und in England arbeiteten.

Die Familie unserer Großmutter, die McKims, waren keltischer Abstammung, und es geht das Gerücht, was ich gerne glauben will, daß die O'Clerys zu unseren Vorfahren zählten. Sie schrieben im 16. Jahrhundert eine berühmte, reich illustrierte Geschichte Irlands, die *Annals of the Four Masters*. Es heißt, die O'Clerys änderten ihren Namen zu Clarke, um der Verfolgung durch Cromwell zu entgehen, und nahmen den protestantischen Glauben an, was damals ratsam war. Cousin Pat jedoch heiratete eine Katholikin und kehrte so zur römischen Kirche zurück. Die Lebensverhältnisse hatten sich damit allerdings nicht gebessert. Das Haus wirkte heruntergekommener, als ich es vor vielen Jahren sah. Die Haustür war zugemauert worden, und man gelangte nur durch den Hintereingang hinein, direkt in die Küche. Die Stallungen für die Rennpferde waren verfallen.

Viele der auf dem Friedhof in Drumcliff Beerdigten würden sich im Grabe umdrehen, wüßten sie auch noch, daß die Absperrungen zwischen dem protestantischen und dem katholischen Teil beseitigt sind und der Friedhof von einer Republik als nationale Gedenkstätte vereinnahmt wird, die sich dem Katholizismus verschrieben hat.

Ich setzte mich auf die efeuumrankte Mauer und zeichnete das alte steinerne Hochkreuz. Dauernd kamen Busse mit Schaulustigen an, die auf den Friedhof strömten. Sie begutachteten Yeats' Grab, vertraten sich die Beine und zogen, in eine Abgaswolke gehüllt, wieder los.

Es begann erneut leise zu regnen, und ich machte mich auf den Rückweg. Ich dachte, ich könnte von dieser Seite aus eine Abkürzung über die Ausläufer der Bucht nehmen, rutschte eine Brückenböschung hinunter und zog meine Schuhe zum zweitenmal aus. Dann ging ich einen grünen Viehtrieb entlang und kam über eine mit Binsen bewachsene Wiese zum Ufer der Drumcliff-Bucht. Der Regen hatte aufgehört. Die starke Flut des Atlantik war zurückgegangen und hatte einen drei Kilometer breiten Streifen festen braunen Sandes freigegeben; in den wellenartigen Vertiefungen flossen kleine Rinnsale, die in der dem ablaufenden Wasser folgenden Sonne glitzerten. Ich begann quer durch die Bucht zum gegenüberliegenden Ufer zu laufen. Es war viel weiter, als ich angenommen hatte, und mir fiel ein, daß die Flut genauso schnell, wie sie zurückgegangen war, wieder hereinkommen konnte. Ich dachte an den alten Mann, der mich vor der Abkürzung gewarnt hatte, und fing an, hastiger zu laufen, bis ich in Reichweite des anderen Ufers war. Ich hätte jedoch nicht in Panik zu geraten brauchen, denn der feuchte Sand dehnte sich immer noch nackt und unberührt bis zu den entfernten Wellen des Ozeans aus. Keine Menschenseele war zu sehen, nur weit draußen suchte ein Mann im Seetang nach Schalentieren. Die Ufer der Bucht waren von den Wellen ausgehöhlt worden. Zwischen den gelben Ginsterbüschen oben auf der Böschung und dem Seegrasgürtel im feuchten Grund befanden sich Flecken mit kleinen violetten Blumen, die auf ihren kurzen saftigen Stengeln einen süßlichen Geruch verbreiteten. Dahinter erhoben sich mit langem spitzem Gras bewachsene Sanddünen.

Auf der anderen Uferseite sah man durch die Bäume Lissadell House, den einstigen Wohnsitz der Gräfin Markievitz. Während ihres Kunststudiums in Paris heiratete sie einen polnischen Grafen, was ihren für Irland so untypischen Namen erklärt. Später war sie in der nationalistischen Bewegung Irlands aktiv, und mit 48 Jahren kommandierte sie, in einer grünen Militäruniform, während des Osteraufstandes 1916 einen Trupp in Connollys Bürgerarmee. Sie wurde zum Tode verurteilt, dann begnadigt und 1918 als erste Frau ins britische Parlament gewählt. Aber nach ihrer Freilassung aus dem Gefängnis 1919 wurde sie statt dessen Arbeitsminister in der von den Aufständischen gebildeten republikanischen Regierung. Sie bekämpfte den Vertrag von 1921, der das Land spaltete, und blieb bis zu ihrem Tod im Jahre 1927 ein militantes Mitglied der IRA.

Die Sonne schien auf den Strand von Lissadell, das Meer war blau, und weit und breit war niemand zu sehen, so zog ich mich aus, badete in dem klaren Wasser und trocknete mich mit einem Taschentuch ab. Dann ging ich über flache Felsen zum nächsten Strand. Die Steine waren von rötlichen Korallen und Weichtieren dick verkrustet, dazwischen befanden sich kleine Tümpel, in denen rote Seeanemonen ihre Tentakel bewegten, Berge winziger Muscheln lagen auf vereinzelten Sandflecken. Am Strand von Rosses Point gingen einige Urlauber spazieren, zwei junge Männer führten ein Pferd am Rande des Wassers entlang. Bei Sonnenuntergang wechselte noch einmal das Licht, das auf die Berge fiel. Ich kletterte die Böschung hinter dem Campingplatz hoch und ging am Yeats Country Hotel vorbei ins Dorf. Ein Glas Guiness und ein großes Käse-Sandwich im Pub – was konnte ich mir Besseres wünschen.

Genau ein Jahr später saß ich in einem Restaurant in der Nähe des Hafens von Baltschik an der bulgarischen Schwarzmeerküste. Es war Mittagszeit und sehr heiß. Die Luft roch nach Staub und Gebratenem. Wir waren von den weißen steinigen Hügeln in den Schatten geflüchtet, aßen ölige Auber-

Lissadell Beach, Irland

ginen und tranken Weißwein dazu. Zwei kleine, etwas verwirrt aussehende alte Damen mit hellem Teint setzten sich an unseren Tisch und baten uns auf englisch, ihnen beim Bestellen behilflich zu sein. An ihrem weichen Tonfall merkte ich, daß sie aus Dublin waren. Sie sagten, sie würden eine Fünf-Tages-Tour durch Bulgarien machen, ein verwegenes Unterfangen, das Teil des neuen Touristenabkommens zwischen Bulgarien und Irland war. Ich erwähnte meinen Aufenthalt in Rosses Point im vergangenen Jahr. »Oh, dort fahre ich zu Ostern immer hin«, sagte die eine von ihnen. Wir lächelten einander zu, und ich erinnerte mich an die weiten, leeren Sandstrände, die vom Wasser sanft umspült wurden, an die milde Luft und den leisen, weichen Regen, die kleinen seltenen Blumen und an die Wolken, die zwischen den Bergen dahinzogen – und ich erinnerte mich an die außergewöhnliche Friedlichkeit, die in diesem Land der Gegensätze neben Gewalt und Unruhe existiert.

20

When Adam delved and Eve span,
who was the gentleman?

Als Adam grub und Eva spann,
wo war denn da der Edelmann?

(nach John Ball)

In der westlichen Welt gibt es keine Gleichheit, und wenn der Sozialismus das jemals von sich behauptet hat, dann während der Mao-Tyrannei im vereinheitlichten China. In Zeiten wirtschaftlicher Mängel beginnt die Ungleichheit. Nach dem Krieg bestand im Osten Deutschlands ein abgestuftes System der Verteilung von Lebensmittelkarten; Arbeiter in der Schwerindustrie, Akademiker und verschiedene Funktionäre erhielten die größten Zuteilungen, was verständlich war; Hausfrauen und Rentner erhielten die niedrigsten. Bei der Vergabe von Wohnraum wurden Nazigegner, die aus der Emigration oder aus dem Gefängnis kamen, bevorzugt. Die Sowjetunion führte Listen, auf denen Personen vermerkt waren, die, je nach ihrer Bedeutung, mit Lebensmittelpaketen bedacht wurden. Es gab das »große Pajok« und das »kleine Pajok«, vergleichbar mit den amerikanischen »Care«-Paketen, beide verschwanden ungefähr zur gleichen Zeit. Privilegien, wie Patient in einem Regierungskrankenhaus sein zu dürfen, Zugang zu besonderen Ferienheimen zu haben und in bestimmten, extra gesicherten Vierteln zu wohnen, entstanden später und wurden geheimgehalten.

Dieses ganze System basiert im Grunde auf einer Art Tauschhandel. Sind Steine knapp und man hat Fliesen, kann man miteinander ins Geschäft kommen. Ich erinnere mich, mit meinem Sohn einmal auf dem Hof eines Bauunternehmers gewesen zu sein, als Patrick plötzlich in sein Auto sprang und einer alten Dame auf dem Fahrrad über Stock und

Stein folgte, nur weil sie erwähnt hatte, sie wolle alte Dachrinnen verkaufen.

»Du brauchst doch keine Dachrinnen!« sagte ich.

»Aber ich kenne jemanden, der sie braucht und mir dafür Bretter gibt«, erwiderte mein Sohn.

Hat man eine Machtposition inne, kann man sich mit seinem Wohlwollen bestimmte Dienste erkaufen. Für die Jüngeren war das begehrteste Privileg, Reisekader zu sein, was unterwürfiges Verhalten zur Folge haben konnte.

Es gab eine Gruppe von Leuten, die das Privileg genossen, nach Wunsch bis zu drei Monaten im Jahr im Ausland zu verbringen, von denen auch nicht gefordert wurde, zurückzukehren, das waren die Rentner. Ihnen war es erlaubt, ihre Eisenbahnfahrkarten nach Westdeutschland und zurück mit DDR-Geld zu bezahlen, und es gab eine Zeit, da konnte ich das für meine Reisen nach England auch. 1981 wollte ich am internationalen Fahrkartenschalter eine Hin- und Rückfahrkarte nach England kaufen. Die Dame am Schalter schaute sich meinen Paß an, um festzustellen, ob ich auch ein Ausreisevisum hätte, und fragte: »Sind Sie Rentner?«

»Ja«, sagte ich verwundert.

»Dann können Sie nur die Hinfahrt nach London lösen, nicht die Rückfahrt.«

»Und wie soll ich die Rückfahrt bezahlen?« fragte ich, denn es ist nicht erlaubt, im Ausland irgendwelches Geld zu besitzen.

»Dank der Großzügigkeit unserer Regierung erhalten Sie hier eine gute Rente. Wenn Sie ein Schreiben des Bürgermeisters der Stadt in England vorweisen, in der Ihre Verwandten wohnen, in dem steht, daß diese zu arm sind, um Ihre Rückreise zu bezahlen, können Sie die Fahrkarte hier kaufen.«

Wollte sie mich drängen hierzubleiben, oder wollte sie mich endgültig loswerden? Auf meine lauten Beschwerden hin kam mir ein guter Freund zu Hilfe, der häufig nach

London fährt. »Ich kaufe die Fahrkarte für dich«, sagte er, was er dann auch tat. Natürlich war das illegal.

Mein Aufenthalt in London ging seinem Ende entgegen, und das lästige Packen begann, Sachen wurden sortiert und in die Koffer gezwängt. Wenn man als Einwohner der DDR das Land verläßt, füllte man damals eine gelbe Karte aus, deren einer Teil bei der Ausreise einbehalten wird, den anderen Teil mußte man bei der Rückkehr an der Grenze abgeben; für statistische Zwecke, wurde gesagt.

»Ich kann die verdammte gelbe Karte nicht finden!« sagte ich zu meinem Neffen, der mich zum Bahnhof Liverpool Street fuhr.

»Sei schön kleinlaut an der Grenze«, riet er mir weise.

Ich hatte mich zur Abwechslung für die Fähre von Harwich nach Hoek van Holland entschieden, die am Tage verkehrt, und wollte dann den Nachtzug nach Berlin nehmen. Der Hafen war voller junger Leute, die riesige Rucksäcke trugen, und unter fürchterlichem Gedrängel ging es durch die Fahrkartenkontrolle. Erst abends im Zug merkte ich, was geschehen war. Als der holländische Schaffner kam, um die Fahrkarten zu lochen, schaute er sich meine sorgfältig an und sagte: »Aber das ist nur die Fahrkarte von London nach Harwich!«

In dem Gerangel an der Grenze hatte man mir den falschen Abschnitt herausgerissen.

»Sie müssen eine neue Fahrkarte kaufen!«

»Ich habe aber kein Geld. Ich kann Ihnen einen DDR-Scheck geben.«

»Da muß ich mich erst erkundigen.«

Ein wenig später kamen zwei Schaffner ins Abteil.

»An dem Betrag auf dem Umschlag des Fahrscheinheftes können Sie sehen, daß ich für beide Strecken bezahlt habe«, sagte ich.

»Der Zug geht durch bis Polen, wir werden den Lokführer fragen, ob er einen DDR-Scheck nimmt.«

Elizabeth Shaw, 1980

Noch ein wenig später kamen drei Schaffner zurück und setzten sich. »Wir gewähren Ihnen eine kostenlose Fahrt durch Holland. Wenn Sie an der westdeutschen Grenze sind, müssen Sie sehen, wie es weitergeht.«

Anscheinend fuhren nicht viele mit dem Nachtzug. Ich war allein im Abteil, was günstig war, da es ohne Zeugen leichter ist, mit Beamten zu verhandeln. Als der westdeutsche Schaffner kam, sagte ich: »I have had a little mishap. – Mir ist ein kleines Malheur passiert. In Harwich hat man mir den falschen Abschnitt herausgerissen, aber der holländische Schaffner sagte, das mache nichts, denn der Preis auf dem Umschlag beweist, daß ich die Rückfahrt bezahlt habe!«

Der Kontrolleur respektierte die Entscheidung seiner holländischen Kollegen. »Dann geht das in Ordnung«, sagte er.

Nun stand mir nur noch die DDR-Grenze bevor, aber das hielt ich nicht für problematisch, ich konnte sogar einen Scheck anbieten. Es war gegen zwei Uhr nachts, und ich machte es mir auf meinem Platz bequem, um ein wenig zu schlafen. Wir kamen nach Hannover, wo der Zug lange hält. Nach einer Weile hörte ich, wie jemand die Abteiltür leise öffnete, und in der Hoffnung, allein zu bleiben, stellte ich mich schlafend. Als ich ein Auge etwas öffnete, sah ich einen verwahrlosten jungen Mann neben mir stehen, eine Hand in meiner geöffneten Handtasche, in der Paß und Fahrscheinheft für die nächsten Kontrollen griffbereit lagen. Ich weiß nicht, wer von uns erschrockener war. Er wich zur Tür zurück und stammelte eine Entschuldigung. Ich überlegte, ob ich Alarm schlagen sollte, aber auf dem dunklen und einsamen Bahnhof fürchtete ich mich zu sehr.

An Schlaf war ohnehin nicht mehr zu denken – der DDR-Fahrkartenlocher kam.

»Mir ist ein kleines Malheur passiert, aber Ihre holländischen und westdeutschen Kollegen sagten, das gehe in Ordnung.« Er konnte nicht anders, als seinen Kollegen beizupflichten.

Endlich in Berlin-Friedrichstraße angelangt, ging ich fröhlich zur Paßkontrolle weiter.

»Mir ist ein kleines Malheur passiert! Ich habe meine gelbe Karte verloren!«

»Ein kleines Malheur! Das ist eine ernste Angelegenheit!«

sagte der Mann von der Paßkontrolle streng. »Setzen Sie sich auf die Bank da. Ich informiere meinen Vorgesetzten.«

Ein Vorgesetzter erschien, nahm meinen Paß und ging damit in einen Nebenraum, um wahrscheinlich mein Dossier einzusehen. Nach einiger Zeit kam er wieder und gab mir eine neue gelbe Karte. Ich ging durch die Paßkontrolle und landete beim Zoll. Der gleiche Vorgesetzte wartete dort auf mich und durchsuchte meine Tasche.

»Was suchen Sie?« fragte ich.

»Ihre gelbe Karte!« antwortete er, und als ob er ein Gespür dafür hätte, stöberte er unbeirrt weiter, bis er seine Hand in einen Plastikbeutel steckte – und tatsächlich meine alte gelbe Karte hervorzog.

»Na«, sagte er, »Sie machen uns so früh am Morgen ganz schöne Schwierigkeiten. Jetzt haben wir zwei gelbe Karten!«

»Zerreißen Sie eine«, schlug ich vor, aber diese Lösung schien zu einfach zu sein. Seine Stirn nachdenklich in Falten gezogen, schlug er sich mit einem unlösbaren statistischen Problem herum, so verließ ich ihn.

21

Das durch die Mauer geteilte Berlin hat einen Schauplatz für Spionage-Thriller abgegeben, der seit Conan Doyles Szenarium der im nebligen London die Baker Street entlangratternden Pferdedroschken unübertroffen ist. Genau wie einige immer noch glauben, Sherlock Holmes habe wirklich gelebt, hat Smiley, der Geheimagent aus *Der Spion, der aus der Kälte kam*, eine breite Leserschaft im Westen davon überzeugt, daß die Handlung des Thrillers der Wirklichkeit entspricht. Le Carrés Bücher, wie die von Len Deighten und anderen, haben die generelle Einstellung der westlichen Öffentlichkeit den sozialistischen Ländern gegenüber in einem ungeheuren Maße bestimmt.

Als wir nach Berlin kamen, stellten wir uns diese Stadt als einen Brennpunkt der politischen Nachkriegsentwicklung vor. Wir hielten uns für Internationalisten mit einer kosmopolitischen Gesinnung und gehörten jener glücklichen Gemeinschaft von Künstlern und Schriftstellern an, die einander verstehen, gleich wo sie geboren sind oder sich begegnen.

Erst viel später, als ich alleine lebte, integrierte ich mich stärker in meine unmittelbare Umgebung. Ich mußte häufiger deutsch sprechen, weil Enkel- und Schwiegerkinder Englisch nicht verstanden. Ich sprach nicht nur häufiger deutsch, ich las auch mehr auf deutsch und begann, mich ein wenig besser in deutscher Geschichte auszukennen. Immer mehr merkte ich, wie wenig René und ich von dem Land unserer Wahl gewußt hatten.

Zu Renés Zeiten sprachen wir miteinander gewöhnlich englisch, Deutsch war für uns beide eine fremde Sprache. Wir hatten uns in England kennengelernt, und außerdem hielten wir es für eine gute Idee, den Kindern die Möglichkeit zu geben, zweisprachig aufzuwachsen. Obwohl ich sie immer auf englisch anredete, antworteten sie meist auf deutsch. Erst als wir 1954 England besuchten, schien ihnen klarzuwerden, daß englisch zu reden nicht nur eine putzige Überspanntheit ihrer Eltern war. Meine Tochter hörte eine Weile zu, dann fing sie gleich mit einem vollständigen Satz an: »There are a lot of snails in this garden!« – In diesem Garten gibt es viele Schnecken, bemerkte sie plötzlich mit einer hohen Stimme, die sie beibehielt, bis wir nach Berlin zurückfuhren, wo sie zu meiner Erleichterung wieder in ihren normalen kehligen Ton verfiel.

Obwohl ich wenig über Berlin wußte, bemerkte ich auf dem Weg zum Postscheckamt in der damaligen Dorotheenstraße eine verfallene Kirche, die von alten Grabsteinen aus dem 18. Jahrhundert mit fein gravierten Inschriften auf französisch umgeben war. Nachdem ich ein wenig nachgeforscht hatte, entdeckte ich für mich die Geschichte der Hugenotten in Berlin und begann meine Familie mit meinen ständigen Hinweisen darauf zu langweilen; wie die Flüchtlinge aus Frankreich vom Kurfürsten von Brandenburg im 17. Jahrhundert nach Berlin geholt worden waren, wie die Hugenotten die Akademie der Wissenschaften und die Charité gegründet und zahlreiche französische Wörter wie Portemonnaie in die deutsche Sprache eingeführt hatten. Ich glaube, meine teilweise eigene Abstammung von den Hugenotten ließ mir Berlin gleich vertrauter erscheinen.

Die Ruinen jener Kirche und die alten Grabsteine sind längst verschwunden, und ein Parkplatz bedeckt jetzt die Fläche. Es gibt jedoch auf dem rekonstruierten Platz der Akademie eine Hugenotten-Kirche mit einem Museum im Untergeschoß.

Eines Tages, als ich die Schönhauser Allee entlangging, stieß ich in der Nähe vom Senefelderplatz auf den jüdischen Friedhof. Ich hatte von der Existenz des Friedhofs erst erfahren, als mir jemand erzählte, daß der Maler Max Liebermann, der von den Nazis aus der Akademie der Künste getrieben worden war, dort begraben liegt. Als ich in dem grünen Wirrwarr von Bäumen und verwilderten Sträuchern zwischen den Grabsteinen entlangging, wurde mir bewußt, welch großen Beitrag die Juden für Berlin geleistet hatten. Häufig tauchten die Namen bekannter Verleger, Bankiers und Geschäftsinhaber auf. Nicht nur hier, besonders auf dem noch größeren Friedhof in Weißensee, dem größten in Europa, glaube ich, ist erkennbar, wie beträchtlich der Anteil der jüdischen Bevölkerung in der Vergangenheit war. Um der Verfolgung in Osteuropa zu entgehen, waren besonders im 19. Jahrhundert viele von ihnen hierher ausgewandert.

Zuerst fand ich Liebermanns Grab nicht, so weit verzweigt waren die Wege, doch dann traf ich einen jungen Mann, der mich hinführte und mir etwas über die Geschichte dieses Ortes erzählte. Er erklärte mir, daß die Juden ursprünglich ein in der Wüste beheimatetes Nomadenvolk gewesen waren und deshalb statt Blumen Kieselsteine auf die Gräber gelegt hatten, ein Brauch, der noch heute üblich ist. Da und dort sah ich Grabsteine, die an diejenigen erinnerten, die während der Herrschaft der Nazis in den Konzentrationslagern umgekommen waren.

22

1981 hatte ich eine Leiter ungeschickt aufgestellt, mit der Absicht, mein Badezimmer rasch zu streichen. Ich kletterte hoch, die Leiter rutschte weg, ich fiel hinunter und brach mir ein Bein. Als ich im Krankenhaus lag, kam mein Freund Alan Winnington vorbei.

»Ich habe einen Garten für dich«, sagte er, »du mußt dich aber rasch entscheiden, ob du ihn haben willst.«

So kaufte ich sozusagen blind meinen Garten, der für mich einige Jahre lang eine große Freude und ein Erlebnis war, bis mir klar wurde, daß ich die Arbeit nicht schaffte, so habe ich ihn an gute Freunde abgegeben.

Vorher schrieb ich aber aus Anlaß eines ganz persönlichen Jubiläums für die *Weltbühne* die Glosse *Mein Garten*. Sie war meine Festrede:

»Ich habe einen Garten. Zum erstenmal in meinem Leben. Der vordere Teil ist ein Stück Wald, hinten Gras und Beete. Es gibt zwei Apfelbäume und einen Birnenbaum, der jedes Jahr zwölf schöne Birnen produziert. Dafür wird er von mir monatelang verpimpelt und gegossen. Sie sagen vielleicht, anstatt soviel Zeit und Mühe zu verschwenden, könnte ich ein Kilo Birnen im Obstladen kaufen. Dann sind Sie eben kein Gärtner. Ich habe auch einen großen Pflaumenbaum, sogar mehrere, weil neue immer wieder aus der Erde schießen. Wenn ich nichts dagegen mache, entsteht bei mir bald ein Pflaumenwald.

In meinem Garten leben zwei schwarzweißrote Spechte, eine Anzahl kleiner Singvögel, überraschend ein einsamer

Frosch – und einige Blindschleichen. Diese leben im Komposthaufen, und seitdem ich es gemerkt habe, traue ich mich nicht mehr, den Kompost umzudrehen, ich könnte sie ja stören. Unter der Erde leben zahlreiche Ameisen. Wenn die Sonne scheint, tauchen sie auf aus der dunklen, geheimen Welt der Wurzeln. Bienen habe ich auch bei mir. Sie hausen in einer Spalte über der Hintertür meiner alten Holzlaube, die mitten im Garten steht. Während des Sommers konnte ich das Leben der Bienen auf meiner Veranda studieren, wie sie am Eingang des Nestes mit ihren Flügeln schwirren, um die Nachricht weiterzugehen, daß guter Honig in meinen Lavendelblüten zu finden ist. Wir lebten friedlich zusammen, bis ich eines Tages, beim Streichen der Tür, meinen Arm in Richtung des Bienennestes ausstreckte. Sofort setzte eine Wachpostenbiene zum Sturzflug an und stach mich ins Gesicht. Seitdem respektieren wir den Status quo unseres Territoriums. Außerdem gibt es bei mir noch verschiedene Arten von Spinnen und ganz phantastische Käfer.

Die Bienen summen, die Vögel zwitschern, am Wochenende gibt es Rockmusik bei den Nachbarn. Im Frühling, wenn ich gebückt meinen Steingarten pflege, hore ich manchmal in der Ferne den lauten Ruf der Kraniche. Dann lasse ich alles fallen und eile durch den Wald bis zur Wiese, wo ich die großen grauen Besucher aus Afrika betrachte. Sie machen dort eine kurze Zwischenlandung, gehen auf und ab und geben ihren schallenden trompetenartigen Ruf von sich, der von einem Echo im Wald beantwortet wird.

Aber zurück zum Garten. Weil ich nie vorher einen Garten hatte, betrachtete ich zuerst voller Verwunderung und Zärtlichkeit die kleinen wilden Veilchen, Mohnblumen und andere Pflanzen, die überall von alleine wachsen. Bei mir gab es das ›Laissez-faire‹, für alles, was wachsen wollte, bis ich merkte, daß einige die Oberhand gewannen. Voltaires Candide sagte ›il faut cultiver notre jardin‹ – wir mussen unseren Garten bestellen –, und das wollte ich auch. Ich merkte aber bald, daß ein Gärtner einen festen Plan haben und rücksichtslos sein muß, um sich durchzusetzen. Deswegen beobachten Gärtner ihr Gelände. Mein Garten hat einen Sand- und Kiesboden. Was in Südfrankreich gut wächst, wächst auch üppig bei mir – jedenfalls Lavendel und Thymian. Wüstenpflanzen müssen hier auch gut gedeihen, dachte ich, aber meine Lilien bleiben verkümmert und blühen kaum. Vielleicht sind die Knollen von Wühlmäusen angeknabbert? Deren Spuren habe ich lange nicht mehr gesehen. Wahrscheinlich sind die Mäuse von den Blindschleichen gefressen worden. Es ist das alte Gesetz des Dschungels.

Bei mir vorne, im Waldgebiet, sieht es auch dschungelhaft aus. Aber ich werde mich bald damit beschäftigen. Ich bin so mit dem Pflanzen und Umgraben und Bewundern beschäftigt, daß ich fürs Grillen und für gesellige Gartenfeste keine Zeit habe. Meine Nachbarn finden mich bestimmt seltsam, aber ich glaube, sie haben sich schon an mich gewöhnt.

Für mich ist Herbst 1986 ein Jubiläum. Es ist vierzig Jahre her, seitdem ich mit dem Bildhauer und Maler René Graetz in jener bewegten Zeit des Kriegsendes und des Neubeginns nach Berlin gekommen bin. Vierzig Jahre glückliches Schaffen von Bildern – meine Arbeit und mein Vergnügen. Manchmal sind auch Texte entstanden. Mein Deutsch ist aber leider immer noch fehlerhaft. Trotzdem bin ich fast eine echte Berlinerin geworden. Ich habe einen Garten.«

23

Nun lebe ich in der Treskowstraße im Norden von Berlin. Dieser Vorort mit seinen hohen Häusern wurde um 1900 erbaut. Die meisten Stuckverzierungen sind abgeplatzt oder zerbrochen, hier und da wurde etwas erneuert. Es ist noch gar nicht so lange her, seit die letzte Bismarck-Statue von dem Giebel eines Hauses am Kurt-Fischer-Platz, früher

Blick aus meinem Fenster in der Treskowstraße

Bismarckplatz, heruntergeholt wurde. Die Feuerwehrleute mußten eine längere Leiter holen, um an sie heranzukommen, und die alten Leute standen herum, schauten zu und flüsterten miteinander: »Sie haben es immer noch nicht geschafft, den eisernen Kanzler unterzukriegen!«

Vor dem Haus, in dem ich wohne, steht ein Ahornbaum, der wahrscheinlich genauso alt ist wie das Haus selbst, und von meinen Fenstern im zweiten Stock schaue ich direkt in das grüne Laubwerk, so lebe ich in gleicher Höhe mit den Vögeln, die in den Zweigen zwitschern. Das entschädigt ein wenig für den Benzingestank, der von dem zunehmenden Verkehr in der Straße kommt.

Dieser Teil der Stadt entwickelte sich auf dem Höhepunkt der deutschen Expansion kurz vor dem Ersten Weltkrieg. Auf dem Bürgersteig vor dem Haus, in dem ich wohne, prangt noch als schwarz-weißes Mosaik der Name des ehemaligen Besitzers der Drogerie, der zu Kaiser Wilhelms Zeiten das Geschäft aufbaute, *Max Noa*, obwohl Herr Noa schon lange tot ist und der Name des jetzigen Besitzers über der Ladentür leuchtet. Andere Unternehmungen entstehen; ein privater Bäcker, ein Polsterer und eine Reparaturwerkstatt für Zentralheizungen schließen Lücken, die von der volkseigenen Industrie nicht ausgefüllt werden. Mit der Zeit wird eine Hausfassade nach der anderen überholt, die abgeplatzten Verzierungen werden erneuert, Einschußlöcher zugeschmiert. Spuren der Vergangenheit verschwinden.

Am Ende der Treskowstraße ist eine große Kaufhalle entstanden, die einigen kleinen Läden die Kundschaft weggenommen hat. Sie hat gute Parkmöglichkeiten, und viele Fremde kaufen dort vor ihrer Fahrt aufs Land an den Wochenenden ein, was die Schlangen noch länger macht. Im Sommer spielt Sonnabend morgens vor der Halle eine Blaskapelle, von einem alten rundlichen Berliner dirigiert.

Mir gegenüber lebt ein jüngeres Ehepaar. Sie sind mit meinem Schwiegersohn zusammen in die Schule gegangen. Wenn sie nicht ihre Sachen waschen, putzen sie die Fenster, aus denen sie sich morgens, nachdem sie sich selbst gewaschen haben, halb nackend hinauslehnen.

Tue ich zufällig das gleiche, treffen sich unsere Blicke, und wir ziehen uns schnell zurück. Unter ihnen lebte eine freundliche alte Dame, die mit bayerischem Akzent sprach. Sie stand oft draußen auf ihrem kleinen Balkon, beobachtete die Straße und grüßte Vorübergehende. Eines Tages zeigte sie sich nicht mehr auf dem Balkon, und ich nahm an, sie wäre tot. Dann bemerkte ich hinter den Spitzengardinen eine schattenhafte Gestalt, die mir zuwinkte. Ein Gespenst, dachte ich zuerst – aber dann erschien sie wieder auf dem Balkon, und erleichtert kaufte ich ihr einen Strauß Blumen und schenkte ihn ihr. Sie sagte, sie sei erkältet gewesen. Nun ist sie wirklich tot, und in ihrer Wohnung lebt ihre Tochter mit ihrem Mann. Vor kurzem kam die Tochter unerwartet bei mir vorbei und reichte mir einen Rosenstrauß. Ich bat sie nicht herein, da ich mitten in einer Arbeit steckte. Nun schaut sie weg, wenn wir uns auf der Straße begegnen, warum, weiß ich nicht. Vielleicht habe ich irgendeine Anstandsregel verletzt. Es gibt so viele, die ich nie ganz beherrschen gelernt habe, wie die Anrede mit »Du« und »Sie«. René sagte mir, alle Künstler würden sich untereinander mit »Du« anreden, aber als ich dies tat, sahen sie mich erschrocken an, so, als würde ich unschickliche Annäherungsversuche machen. Und was das Händeschütteln angeht, habe ich gelernt, daß es im Zweifelsfall immer besser ist, man tut es. Kleine Kinder auf dem Weg zur Schule geben sich die Hand wie Politiker, die damit Gunst oder Mißfallen andeuten.

Mir fast gegenuber wohnt der Pfarrer der Lutherischen Kirche. Er trägt seinen Kragen nicht nach hinten wie in England, sondern hat Jeans und Hemden an und sieht überhaupt nicht wie ein Pfarrer aus. An seinem Tor befindet sich ein Anschlagbrett, das nicht nur für Gottesdienste, sondern auch für ökologische Fragen wirbt. Seine kleine Tochter, die meine

Kinderbücher mag, besucht mich ab und an, und wir spielen Halma, Mikado oder etwas Ähnliches zusammen. Sie ist sehr wohlerzogen und putzt sich nicht nur die Schuhe auf dem Fußabtreter ab, sie bietet sich auch an, sie auszuziehen.

Schaue ich aus meinem Küchenfenster, das nach hinten hinausgeht, kann ich den Zustand der privaten Wirtschaft überblicken, die ein beständigeres Verhältnis zur Obrigkeit als die Kirche hatte. Auf dem Hof befindet sich eine kleine Firma, die Kühlanlagen für Gaststätten repariert. Bis sein Sohn die Geschäfte übernahm, hatte der Vater den Betrieb geleitet. Sie besitzen eine Villa mit Swimmingpool am Stadtrand, sind sehr fleißig und haben ihre Werkstatt nach allen Seiten durch Anbauten erweitert. Sie sind ruhig, höflich und, soweit ich das beurteilen kann, unpolitisch.

An der Straßenecke befindet sich die Post, in der man, wie in der Kaufhalle, mit Freunden und Nachbarn plaudert. Das hört sich vielleicht an wie in irgendeinem Dorf, aber unsere Unterhaltung auf der Straße wird oft von dem lauten Getöse landender Flugzeuge unterbrochen. Von meinem Balkon aus kann ich sie hinter den Häusern hinuntergehen sehen. Sie landen in Tegel, kurz hinter der ehemaligen Mauer, was daran erinnert, daß dies ein ganz besonderes Dorf ist – das geteilte Berlin. Diese Stadt steht an der zerbröckelnden Frontlinie der Ost-West-Konfrontation.

»Ich habe nie ohne Angst gelebt«, sagte mir einmal ein etwa fünfzigjähriger Mann. »Zuerst war es Angst in der Schule, als der Nazilehrer durch die Klasse ging und mit einem Stock auf den Nacken schlug, wenn man einen Fehler machte. Dann war es Angst vor den Bomben im Krieg, Angst vor dem Feind, Angst vor der Niederlage. In der Nachkriegszeit war es die Angst vor einem neuen Krieg, vor der Atombombe – nicht zu sprechen von der Angst vor dem großen Netz des Staatssicherheitsdienstes.«

Jetzt, während ich dies schreibe, ist etwas Erstaunliches, Bewegendes geschehen. Eine neue Generation zeigt Mut und demonstriert die alte Macht der Solidarität. Die Großeltern wurden von den Nazis geschlagen, die Eltern wuchsen im kalten Krieg auf – aber die jungen Leute, die jüngste Generation lernt tastend, sich zu äußern. Daß Regierende stürzbar sind, haben sie schon erfahren.

Ich bin froh, daß ich nach Berlin gekommen bin.

Aber vielleicht ist die Frage nicht so sehr die, warum ich nach Berlin gekommen bin, sondern: Warum bin ich geblieben?

Ich entsinne mich noch an einen Tag im Jahre 1948, als ich die Straße in Zehlendorf entlangging, nachdem ich unsere Rationen erstanden hatte, und ich schaute auf die kleinen deutschen Pflastersteine und spürte die fremde, beängstigende Umgebung und dachte. Ich komme nicht hierher zurück, ich werde in England bleiben!

Aber nachdem ich in England den Frieden eine Weile genossen hatte, dachte ich an das totale Engagement einer Gruppe von Menschen in Berlin, von der ich ein Teil geworden war, und vermißte sie.

»Manchmal«, sagte ich meinem Schwager viel später, »wünschte ich, daß ich einen netten tweedgekleideten Engländer geheiratet hätte und inmitten der friedlichen englischen Landschaft wohnen würde.«

»Es hätte dir doch nicht gefallen, Lizzy«, antwortete er. »Dann hättest du deine tweedgekleideten Kinder jeden Tag zur Schule fahren müssen ... Nein, das wäre nichts für dich gewesen.«

Stattdessen bin ich Zeugin des Aufbruchs und des Unterganges der DDR geworden.

Wenn die Zeiten sich ändern, schaut man nach oben.

Ich mache einen Spaziergang bis zum Ende der Treskowstraße, gehe an der Kaufhalle vorbei und biege in die Waldstraße ein, wo der Himmel weiter ist, und schaue nach, ob Ozenfants Sterne noch da sind.

Dort sehe ich sie in der großen, unbekannten Ferne blinzeln.

Youghal, Irland

Anhang

Illustrierte Bücher

1954 *Dein Gewicht entscheidet*
1954 Mark Twain, *Kapitän Stormfields Besuch im Himmel*
1956 Christian Fürchtegott Gellert, *Fabeln*
1956 Stefania Grodzienska, *Der Gänsemarsch*
1956 Paul Wiens, *Zunftgenossen, Kunstgefährten*
1958 Bertolt Brecht, *Gedichte und Geschichten*
1959 *Max Schroeder zum Gedenken*
1958 Mark Twain, *Humoristische Erzählungen*
1959 Aleko Konstantinow, *Der Rosenölhändler*
1961 *Reportage aus dem deutschen Jenseits*
1961 Hans-Joachim Stein, *Wallfahrt nach Walpurgisland*
1964 Lothar Kusche, *Quer durch England in anderthalb Stunden*
1965 *Skizzen eines Globetrotters*
1967 Jerome K. Jerome, *Drei Mann in einem Boot*
1968 W. K. Schweickert, *Der Mann, der Karate konnte*
1968 Karl Marx, *Englischer Alltag*
1969 Horst Kunze, *Bibliophilie im Sozialismus*
1969 Lothar Kusche, *Wie man einen Haushalt aushält*
1971 Lothar Kusche, *Patientenfibel*
1973 Lothar Kusche, *Der gerissene Film*
1973 Elizabeth Shaw, *Eine Feder am Stand*
1974 Berta Waterstradt, *Alle Tage ist kein Alltag*
1975 Lothar Kusche, *Vorsicht an der Bahnsteigkante*
1977 Lothar Kusche, *Die fliegenden Elefanten*
1977 *Seit ich dich liebe* (Anthologie)
1980 Lothar Kusche, *Knoten im Taschentuch*
1983 Ernst Ichenhäuser, *Erziehung zu gutem Benehmen*
1983 Lothar Kusche, *Leute im Hinterkopf*

1983 *Spiegelbilder* (Sammelband)
1984 Werkausgabe Mark Twain
1985 Lothar Kusche, *Der Mann auf dem Kleiderschrank*
1987 Lothar Kusche, *Nasen, die man nie vergißt*
1989 Lothar Kusche, *Der Opa hat ein Schwein verschluckt*

Illustrierte Kinderbücher

1951 Friedrich Wolf, *Tiergeschichten*
1957 James Krüss, *Spatzenlügen*
1958 Viktor Mara, *Das Mädchen MAX und 10x Fax*
1958 Edith Anderson, *Hunde, Kinder und Raketen*
1959 Karl Heinz Berger, *Eine fröhliche Reise*
1961 Edith Anderson, *Großer und kleiner Felix*
1963 Nikolai Nossow, *Freundchen und andere heitere Geschichten*
1963 Ursula und Jochen Wilke, *Helle im Tor*
1964 Karl Heinz Berger, *Das Kutschpferd und der Ackergaul*
1964 Erich Brehm, *Die erfrischende Trompete*
1965 Bertolt Brecht, *Ein Kinderbuch*
1965 Erich Kästner, *Das Schwein beim Friseur*
1967 Heinz Kahlau, *Ping, pang, poch* (Kinderverse aus England)
1968 Gerhard Holtz-Baumert, *Von lustigen Wichten, zwölf kleine Geschichten*
1969 Paula Dehmel, *Von morgens bis abends*
1970 Hans Fallada, *Der getreue Igel*
1971 Astrid Lindgren, *Lillebror und Karlsson vom Dach*
1972 Heinz Kahlau, *Schaumköpfe*
1975 Monika Dickens, *Das Haus am Ende der Welt*
1975 Rainer Kirsch, *Es war einmal ein Hahn*
1977 Michail Sostschenko, *Tintenfässer aus Brot*
1979 Tilo Medeck, *Kindergarten-Liederbuch*
1982 Leo Spies, *Mein Liederbilderbuch*
1982 Jürgen Rennert, *Wie der Elefant entstand*
1997 *Miezekatz und Huckelpuckel* (Sammelband)

Geschriebene und illustrierte Kinderbücher

1963 *Der kleine Angsthase*
1964 *Gittis Tomatenpflanze*
1965 *Die Schildkröte hat Geburtstag*
1967 *Wie Putzi einen Pokal gewann*
1970 *Bella Belchaud und ihre Papageien*
1971 *Bettina bummelt*
1972 *Zilli, Billi und Willi*
1973 *Das Bärenhaus*
1975 *Als Robert verschwand*
1976 *Guten Appetit*
1982 *Die Schöne und das Ungeheuer*
1983 *Das kleine Shaw-Buch* (Sammelband)
1984 *Der scheue Schneck*
1985 *Das kleine schwarze Schaf*
1986 *Die fleißige Familie*
1987 *Lustige Elizabeth Shaw Geschichten*
1988 *Wildschwein Walter*
1990 *David und die Kühe*
1996 *Das einsame Zicklein*
1999 *Das dicke Elizabeth-Shaw-Buch für die ganze Familie* (Sammelband)
2000 *Die Landmaus und die Stadtmaus*

Auszeichnung »Schönstes Buch«

1956 Christian Fürchtegott Gellert, *Fabeln*
1958 *Gedichte und Geschichten* zum 60. Geburtstag von Bertolt Brecht
1966 Bertolt Brecht, *Ein Kinderbuch*
1967 Heinz Kahlau, *Ping, pang, poch*
1968 Karl Marx, *Englischer Alltag*
1969 Lothar Kusche, *Wie man einen Haushalt aushält*

1970 *Bella Belchaud und ihre Papageien*
1971 Lothar Kusche, *Patientenfibel*
1972 *Zilli, Billi und Willi*
1977 *Seit ich dich liebe* (Silbermedaille der IBA)

Klaus Schlesinger

FLIEGENDER WECHSEL

Eine persönliche Chronik

304 Seiten
Band 1148
ISBN 3-7466-1148-2

Klaus Schlesinger hat zeit seines Lebens in einem Umkreis von fünf Quadratkilometern gewohnt und auf diesem Fleck drei Gesellschaftsordnungen erlebt. Für mich ist »Fliegender Wechsel« eine spannende Lektüre gewesen, weil ich manche der Vorgänge und Personen kenne, die hier geschildert sind, vor allem aber, weil der Autor seinen Übergang von Ost- nach Westberlin Anfang der achtziger Jahre genau beschreibt, konkret, intensiv und zugleich nachdenklich, weit entfernt von jeder Schwarz-Weiß-Malerei. Und weil er nicht nur die Verhältnisse, sondern auch sich selbst befragt – genau, wie er es ankündigt: »Eine persönliche Chronik«.

Christa Wolf

... das wichtigste, eindrücklichste, persönlichste Buch, das bis dahin zum großen Wechsel in Deutschland erschienen ist.

Emanuel la Roche,
Tages-Anzeiger, Zürich

AtV
Aufbau Taschenbuch Verlag